全国中等职业技术学校汽车维修专业教材

汽车电路知识与基本操作技能

人力资源和社会保障部教材办公室组织编写

中国劳动社会保障出版社

图书在版编目(CIP)数据

汽车电路知识与基本操作技能/金君堂主编. —北京：中国劳动社会保障出版社，2010
全国中等职业技术学校汽车维修专业教材
ISBN 978-7-5045-8422-9

Ⅰ.①汽…　Ⅱ.①金…　Ⅲ.①汽车-电路分析　Ⅳ.①U463.6

中国版本图书馆 CIP 数据核字(2010)第 137241 号

中国劳动社会保障出版社出版发行
(北京市惠新东街 1 号　邮政编码：100029)
出 版 人：张梦欣

*

北京宏伟双华印刷有限公司印刷装订　新华书店经销
787 毫米×1092 毫米　16 开本　8.5 印张　199 千字
2010 年 7 月第 1 版　　2022 年 12 月第 19 次印刷
定价：15.00 元

营销中心电话：400-606-6496
出版社网址：http://www.class.com.cn
http://jg.class.com.cn

前　言

随着汽车的逐步普及和交通运输业的发展，汽车保有量大幅增加，社会对汽车维修专业技能人才的需求日益增大，对其知识和能力的要求也在不断提高，这就对相应的职业教育和培训提出了更高、更新的要求。为了更好地满足社会对汽车维修专业技能人才的需求，满足中等职业技术学校汽车维修专业的教学需要，我们在广泛调研的基础上，组织行业专家、职业教育研究人员、学校一线骨干教师共同开发了本套全国中等职业技术学校汽车维修专业教材。

本套教材包括：《汽车文化》《汽车结构》《汽车识图》《机械常识与维修基础》《钳工与焊工基本技能》《汽车电路知识与基本操作技能》《汽车发动机构造与维修》《汽车电控发动机构造与维修》《汽车发动机拆装与维修实训》《汽车底盘构造与维修》《汽车底盘拆装与维修实训》《汽车底盘与车身电控技术》《汽车电气设备构造与维修》《汽车电气设备拆装与维修实训》《汽车自动变速器构造与维修》《汽车维护实训》《汽车故障诊断》等。

本套教材具有以下特色：

第一，以相关国家职业标准为依据，结合企业的用工要求，科学定位教材内容，体现汽车维修的技术发展和时代特征。

第二，综合考虑专业能力培养和教学操作性。本套教材采用模块化的教学设置，分为基础、发动机、底盘、电气、维护和选修6大模块。在车型选择上，尽量选用具有代表性的常见车型，增强教学的适用性。

第三，注重综合职业能力的培养。一方面选取了大量来源于企业和工厂的实际案例，营造真实的工作情景；另一方面设置了较大篇幅的实训内容，针对发动机、底盘、电气、维护还开发了相应的实训教材，培养学生扎实的汽车维修技能。

第四，教材编写采取新的模式，注重激发学生的学习兴趣，引导学生自主学习。教材编写中制作和拍摄了大量高质量的图片，避免大段文字的罗列，实训教材采用图表化的编写体例，符合学生的认知规律。

第五，本套教材配套开发了完善的教辅资源，包括习题册、教学参考书、多媒体教学课件等。

本套教材的编写得到了广东、广西、山东、山西、江苏、河北、陕西、四川、内蒙古等省（自治区）人力资源和社会保障部门，以及众多职业技术学校的支持和帮助，对此我们表示衷心的感谢。

人力资源和社会保障部教材办公室

2010 年 7 月

简　　介

本书主要内容包括：安全用电知识、直流电路及基础元件的测量、磁场及电磁器件、汽车电子技术应用、汽车电路的特点与表达方法、典型汽车电路分析。

本书由金君堂主编，王东光参编。

目 录

模块一 安全用电知识 ……………………………………………… (1)

模块二 直流电路及基础元件的测量 ……………………………… (10)

单元一 直流电路基础 ……………………………………………… (10)
单元二 测量仪器的使用 …………………………………………… (16)

模块三 磁场及电磁器件 ………………………………………… (27)

单元一 磁场及电磁感应 …………………………………………… (27)
单元二 互感与自感 ………………………………………………… (32)
单元三 磁场在汽车电气元件中的应用 …………………………… (37)

模块四 汽车电子技术应用 ……………………………………… (45)

单元一 二极管的特性及检测 ……………………………………… (45)
单元二 三极管 ……………………………………………………… (50)
单元三 半导体元件在汽车上的应用 ……………………………… (57)
单元四 集成电路及其应用 ………………………………………… (65)
单元五 微型计算机基础 …………………………………………… (73)
单元六 汽车计算机控制技术 ……………………………………… (77)

模块五 汽车电路的特点与表达方法 …………………………… (80)

单元一 汽车电路的组成与特点 …………………………………… (80)
单元二 汽车电路图的类型 ………………………………………… (86)
单元三 汽车电路的表达方法 ……………………………………… (98)
单元四 汽车电路识读技巧 ………………………………………… (104)

模块六 典型汽车电路分析 ……………………………………… (116)

单元一 典型电源系电路分析及检测 ……………………………… (116)
单元二 典型照明系电路分析及检测 ……………………………… (122)

模块一　安全用电知识

学习目标

1. 熟悉电的用途和种类。
2. 熟悉安全用电知识。
3. 掌握接地接零技能操作。

一、认识身边的电

1. 身边的电

电是一种奇妙的东西，它在生活和工作中无处不在。

人们家中许多物品都和电有关。例如，台灯可以照明；计算机可以帮人们查资料；电视机可以让人们知道许多外面的事；电风扇可以解除炎热；电暖气可以取暖；电冰箱可以使食物保鲜（见图1—1）；电水壶可以让人们喝到热水等。

图1—1　家用电器

汽车也离不开电。例如，发动机起动，汽车行驶中使用电喇叭，夜间行驶开车灯照明，夏天开空调纳凉，用CD机听音乐（见图1—2）等。

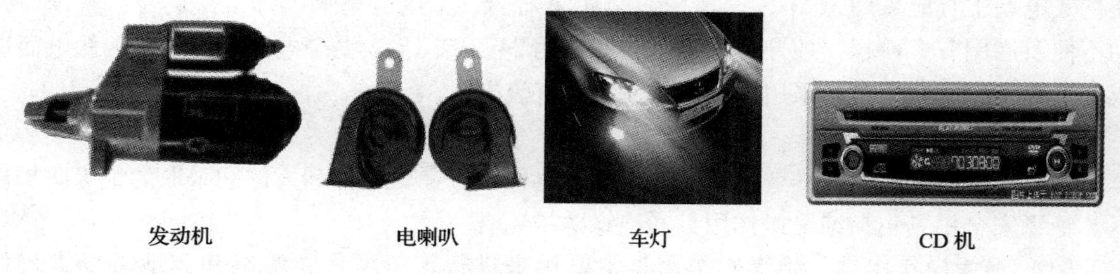

图1—2　汽车用电

汽车保养和维修也需要电。例如，举升机、电焊机、轮胎拆装机、车轮动平衡仪、清洗机、废弃分析仪、充气泵、充电机（见图1—3）等。

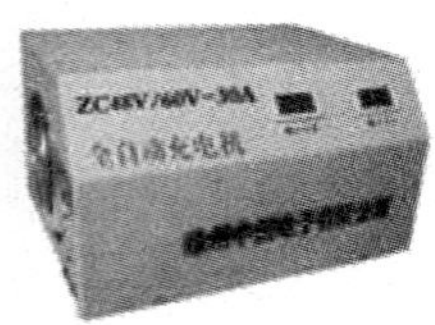

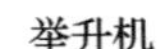

举升机　　电焊机　　车轮动平衡仪　　充电机

图 1—3　汽车保养和维修设备

2. 电的概念

电是一种粒子，电压起着推动（自由）电子定向移动的作用，而只有导体里才有可以自由移动的电子，这也是导体能导电的原因。

电流流过不同的电气设备可转化为多种形式的能量。流过电阻丝可转化为热能，流过线圈可转化为电磁能，流过电动机可转化为机械能，流过灯丝可转化为热能和光能。

3. 电的种类

日常生活中，电分为三种：静电、直流电和交流电。

（1）静电。静电既不是直流电也不是交流电，它是一个电荷堆积在一起形成的电势与其他电荷接触形成电势差，释放过程叫做静电放电，特点是电压很高，电流很小。物体表面经常集聚有电荷，但是没有电流。人体在干燥的环境中有时会产生静电。比如冬天乘车时，许多人就有被“电”过的经历。

（2）直流电。电流方向不随时间变化（电流大小可以随时间变化），一般最常见的就是各种类型电池（如蓄电池）。

（3）交流电。交流电是指电流大小和方向随时间变化不断改变，人们常见的电灯、电动机等用的都是交流电。

二、安全用电知识

安全用电包括供电系统的安全、用电设备的安全及人身安全三个方面，它们之间又是紧密联系的。

1. 安全电压

我国安全电压的额定值为 42 V、36 V、24 V、12 V、6 V。如手提照明灯、危险环境的便携式电动工具应采用 36 V 安全电压，金属容器内、室内、车辆内等工作场合，狭窄、行动不便及周围有大面积接地导体的环境，应采用 24 V 或 12 V 安全电压，以防止因触电而造成的人身伤害。汽车便是采用 24 V 或 12 V 的直流电压。

2. 绝缘安全用具

绝缘安全用具是保证作业人员安全操作带电体时，在带电体和人体间采取的绝缘防护用具。绝缘安全用具包括绝缘操作用具和绝缘防护用具。

（1）绝缘操作用具。绝缘操作用具主要用来进行带电操作、测量和其他需要直接接触电气设备的特定工作。常用的绝缘操作用具有绝缘操作杆、绝缘夹钳等，如图1—4和图 1—5 所示。这些操作用具均由绝缘材料制成。正确使用绝缘操作用具，应注意以下两点：

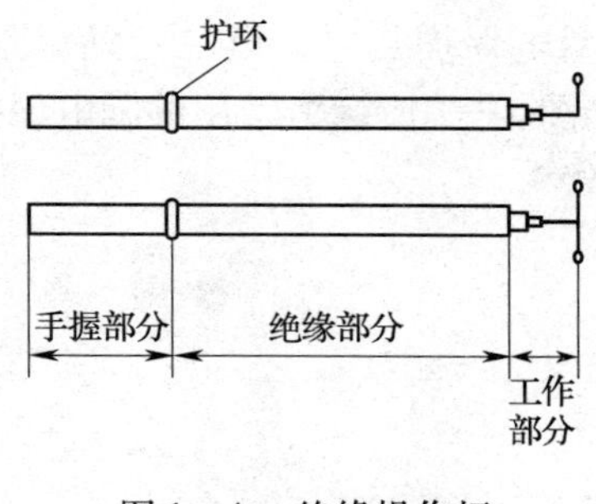

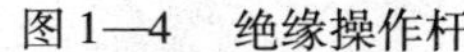

图 1—4　绝缘操作杆

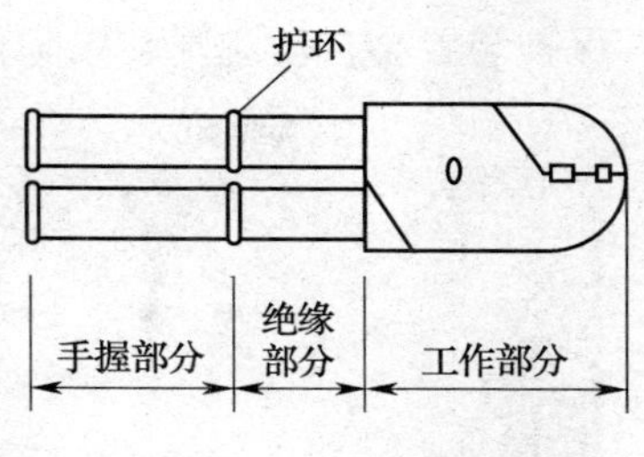

图 1—5　绝缘夹钳

1）绝缘操作用具本身必须具备合格的绝缘性能和机械强度。

2）只能在和其绝缘性能相适应的电气设备上使用。

（2）绝缘防护用具。绝缘防护用具对可能发生的有关电气伤害起到防护作用，主要用于对泄漏电流、接触电压、跨步电压和其他接近电气设备时存在的危险等进行防护。常用的绝缘防护用具有绝缘手套、绝缘靴、绝缘隔板、绝缘垫、绝缘站台等，如图 1—6 所示。绝缘防护用具一般不直接触及带电设备，只有当绝缘防护用具的绝缘强度足以承受设备的运行电压时，才可以用来直接接触运行的电气设备。

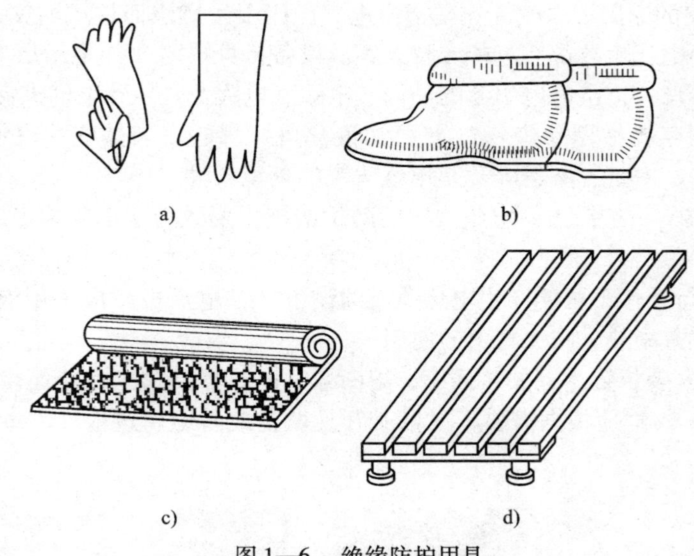

图 1—6　绝缘防护用具
a）绝缘手套　b）绝缘靴　c）绝缘垫　d）绝缘站台

3．安全用电操作知识

（1）进行用电操作时，要严格遵守用电设备的操作规程，并进行定期保养和用电安全检查。

（2）在邻近带电设施进行电工操作时，一定要保持可靠的安全距离。

（3）在一个插座或灯座上不可接功率过大的用电器具。

（4）不可用潮湿的手去触及开关、插座和灯座等用电装置，更不可用湿抹布去揩抹电气装置和用电器具。

（5）操作工具的绝缘手柄以及绝缘鞋和手套的绝缘性能必须良好，并需要做定期检查。

（6）汽车设备按规定要有短路保护、过载保护、漏电保护装置，设备一旦短路、过载或漏电，保护装置会自动跳闸，以防止触电或漏电。如图 1—7 所示为常用的漏电保护器。

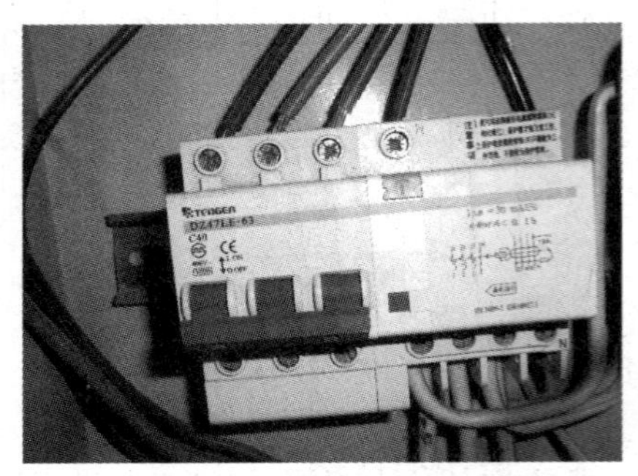

图 1—7　漏电保护器

（7）严禁采用一线一地、两线一地、三线一地（指大地）安装用电设备和器具。

（8）发现有人触电时，应立即断开电源，采取正确的抢救措施抢救触电者。

4. 电气火灾消防知识

（1）电气火灾的原因。电气火灾是指由电气原因引发燃烧而造成的灾害。短路、过载、漏电、通风不良等电气事故都有可能导致火灾。设备自身缺陷（如绝缘层老化），施工安装不当，电气接触不良，雷击静电引起的高温、电弧和电火花是导致电气火灾的直接原因。另外，电气设备周围存放易燃易爆物（如石油液化气、煤气、天然气、汽油、柴油、酒精、棉、麻、化纤织物、木材、塑料等）是电气火灾的环境条件。

（2）电气火灾的防护措施。电气火灾的防护措施主要致力于消除隐患、提高用电安全，具体措施如下：

1）对正常运行条件下可能产生电热效应的设备（如电焊机）应采用隔热、散热、强迫冷却等措施，并注重耐热、防火材料的使用。

2）合理选择安装位置。开关、插座、熔断器、电热器具、车身漆面烤灯、电焊设备和电动机等（见图 1—8）应根据需要，尽量避开易燃物或易燃建筑构件。举升机滑触线下方不应堆放易燃物。

开关

插座

车身漆面烤灯

电动机

图 1—8　易引起火灾的电器

3）保持电气设备的电压、电流、温升等不超过允许值（如充电机），保持各导电线路连接可靠，接地良好。

4）保证电气设备的绝缘良好和清洁，并保持良好通风。

5．电气火灾的扑救

发生火灾应立即拨打119火警电话报警，向公安消防部门求助。扑救电气火灾时要注意触电危险，应首先及时切断电源（见图1—9），并通知电力部门派人到现场指导和监督扑救工作。

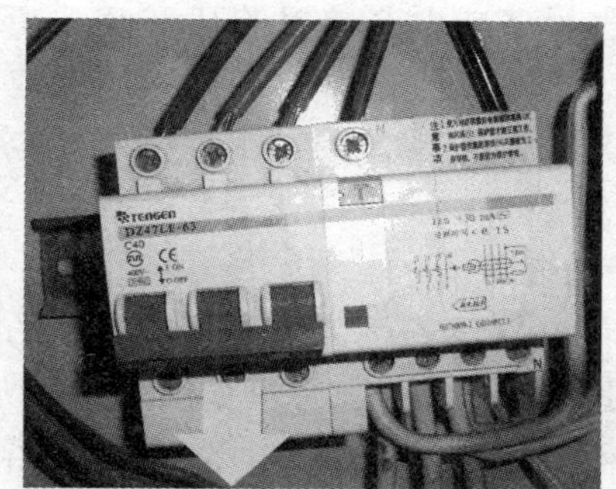

图1—9　火警电话和切断电源图

图1—10　灭火器的使用

在扑救尚未确定断电的电气火灾时，应选择适当的灭火器和灭火装置（见图1—10），否则有可能造成触电事故，甚至引起更大的危害（见图1—11），如使用普通水枪射出的直流水柱和泡沫灭火器射出的导电泡沫都会破坏绝缘。

使用四氯化碳灭火器灭火时，灭火人员应站在上风侧，以防中毒；灭火后的空间要注意通风。使用二氧化碳灭火，当其浓度达85%时，人就会感到呼吸困难，因此，要注意防止窒息。

图1—11　错误的灭火方法与正确的灭火方法

技能训练——接地接零训练

任务1：连接轮胎扒胎机（见图1—12）的接地保护线

1. 接地的基本概念

接地是将电气设备或电气装置的某一点（接地端）与大地之间做符合技术要求的连接。目的是利用大地为正常运行的设备因绝缘损坏或遭受雷击等情况提供对地电流回路，以保证电气设备和人身的安全。

图1—12　轮胎扒胎机

2. 接地保护原理

保护接地是将电气设备正常情况下不带电的金属外壳通过接地装置与大地可靠连接。其原理如图1—13所示。

当电气设备不接地时，如图1—13a所示，若电气设备绝缘损坏，一相电源碰壳，电流流经人体电阻 R_r、大地和线路对地绝缘电阻构成的回路，便会触电。

当电气设备接地时，如图1—13b所示，虽有一相电源碰壳，但由于人体电阻 R_r 远大于接地电阻 R_d（一般为几欧），所以通过人体的电流 I_r 极小，流过接地装置的电流 I'_d 则很大，从而保证了人体安全。

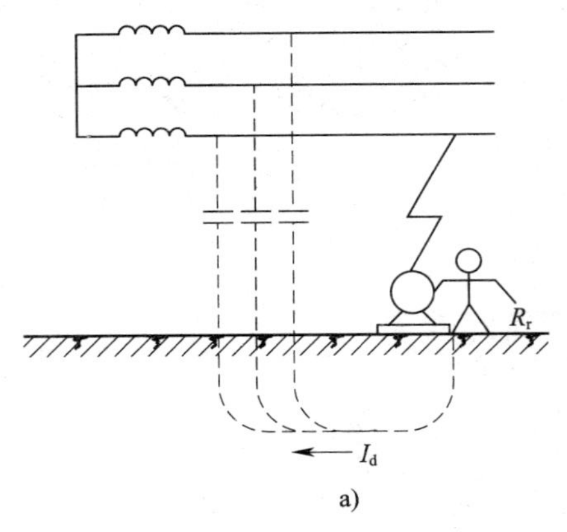

a)

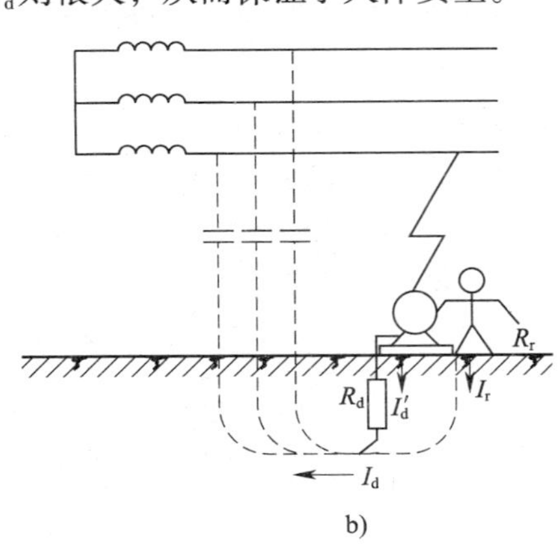

b)

图1—13　保护接地原理

a）无保护接地　b）有保护接地

3. 接地装置

接地装置由接地体和接地线两部分组成，如图1—14所示。接地体是埋入大地中并和大地直接接触的导体组，它分为自然接地体和人工接地体。自然接地体是利用与大地有可靠连接的金属构件、金属管道、钢筋混凝土建筑物的基础等作为接地体。人工接地体是用型钢，如角钢、钢管、扁钢、圆钢等作为接地体。人工接地体一般有水平敷设和垂直敷设两种。电气设备或装置的接地端与接地体相连的金属导线称为接地线。

4. 接地保护训练步骤

（1）选取接地线。根据设备的功率大小和距配电箱的距离选取导线。该扒胎机功率为1.5 kW，选取长为6 m、截面为0.75 mm^2 的三芯电缆线一根。

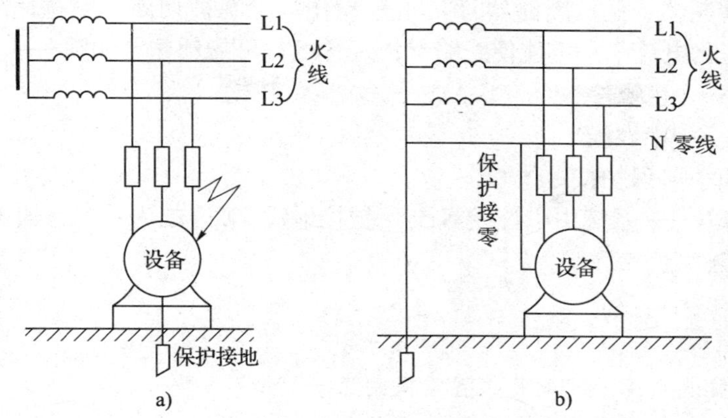

图 1—14　设备保护接地、保护接零原理图

a）保护接地　b）保护接零

（2）用剥线钳将电缆线两端的三股线分别剥出约 1.5 cm 的裸线。

（3）将其中的一股线，一端接配电盘的接地端子，另一端接扒胎机的壳体，如图 1—15a所示。图 1—15b 所示为空调回收加注机接地端。

（4）接入电源。

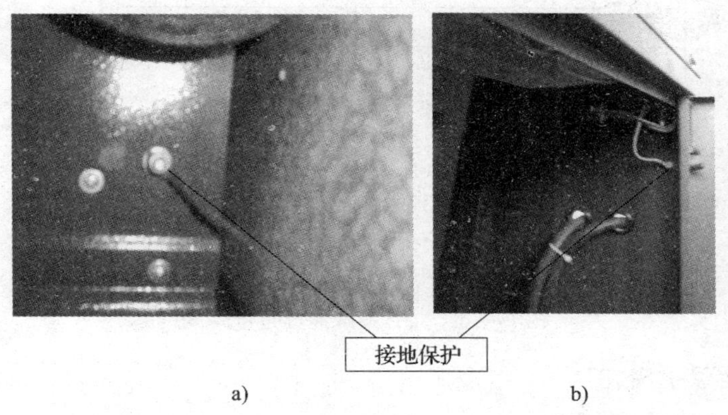

图 1—15　接地保护实际接线图

a）轮胎扒胎机　b）空调回收加注机

任务 2：连接设备的接零保护线

1．中性点与中性线

采用星形联结的三相电路中，三相电源或负载连在一起的点称为三相电路的中性点。由中性点引出的线称为中性线，用 N 表示，如图 1—14 所示。

2．零点与零线

当三相电路中性点接地时，该中性点称为零点。由零点引出的线称为零线，如图 1—14 所示。

3．保护接零

在中性点直接接地系统中，把电气设备金属外壳等与电网中的零线作可靠的电气连接，称保护接零。保护接零可以起到保护人身和设备安全的作用，其原理如图 1—14 所示。当一相绝缘损坏碰壳时，由于外壳与零线连通，形成该相对零线的单相短路，短路电流使线路上的保护装置（如熔断器、低压断路器等）迅速动作，电源被切断，触电危险被消除。对未接零设备，对地短路电流不一定能使线路保护装置迅速可靠动作，如图1—14所示。

国标规定：L——相线

N——中性线

PE——保护接地线

PEN——系统中中性线 N 与保护接地线 PE 合二为一时，通称 PEN 线

4. 保护接零训练步骤

步骤同上。

提示：

1. 中性点不接地系统中的电气装置应采用保护接地。

2. 中性点直接接地系统中的电气装置应采用保护接零。

3. 同一供电系统中，不准将一部分电气设备接地，而将另一部分电气设备接零（见图1—16）。如果接地设备漏电时，又未及时切断故障设备电源，将会导致设备外壳带电，会通过大地作为回路使零线电位升高，使接零保护的设备外壳带上危险电压。

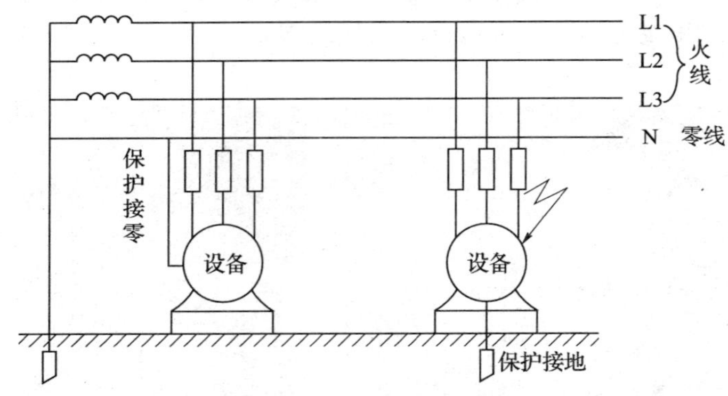

图 1—16 同一系统混接是危险的

三、其他安全保护措施

1. 插头与插座的保护

电源插头与插座中有三插头或插孔的，标有“⏚”即为接地端（见图 1—17）。

2. 其他接地保护

（1）过电压保护接地。是为了消除雷击或过电压的危险影响而设置的接地。

（2）防静电接地。是为了消除生产过程中可能产生的静电而设置的接地，如汽车安装接地装置。

（3）屏蔽接地。是为了防止电磁感应而将电力设备的金属外壳、屏蔽罩、屏蔽线的外皮接地，如汽车电控装置中的高压线就有屏蔽线。

3. 电气设备安全运行措施

（1）必须严格遵守操作规程，供电时，先合上隔离开关，再合上负荷开关。分断电流时，先断开负荷开关，再断开隔离开关。

（2）电气设备一般不能受潮，在潮湿场合使用时，要有防雨水和防潮措施。电气设备工作时会发热，应有良好的通风散热条件和防火措施。

（3）所有电气设备的金属外壳应有可靠的保护接地。电气设备运行时可能会出现故障，应有短路保护、过载保护、欠压保护和失压保护等措施。

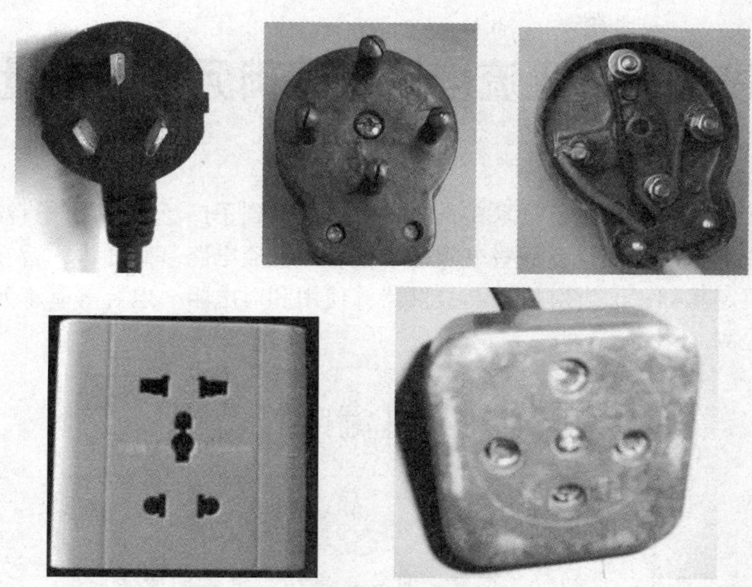

图 1—17　有接地保护的插头或插座

（4）对电气设备要做好安全运行检查工作，对出现故障的电气设备和线路，应及时检修。

模块二　直流电路及基础元件的测量

随着汽车技术的发展，电子技术在汽车各个部位得到了广泛的应用。直流电路是汽车电路的特点之一，本模块选择介绍一些电学基本概念和直流电路基础知识，旨在为今后学习复杂的汽车电路奠定基础；通过对典型测量仪器的使用和对电阻、电容等基本元件的识别，学会汽车电路的检测。

单元一　直流电路基础

学习目标

1. 了解电流、电压、电动势、电位、负载、电阻、电容的概念。
2. 理解通路、断路、短路的特点。
3. 掌握串联、并联的特点及电气元件识别。

一、直流电路概念

1. 电流

电流就是带电粒子在电路中的定向运动，用符号 I 表示。在金属导体中，电流是电子在外电场力作用下定向运动而形成的。通常规定正电荷运动的方向为电流的实际方向，电流为正值；负电荷（电子 e）运动的方向为电流的反方向，电流为负值。图 2—1 所示为电流与电子移动的方向。

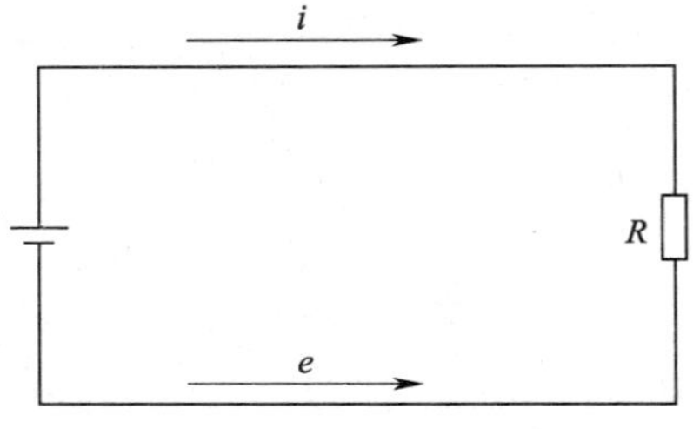

图 2—1　电流与电子移动的方向

电流的单位是安培（A），电流有直流（DC）和交流（AC）之分。

汽车上常用的是直流电。如汽油发动机起动电流为 200 ~ 600 A，柴油机起动电流较大，有些高达 1 000 A。家庭、工矿企业用的都是交流电。

2. 电压

电压 U_{ab} 就是电路中 a、b 两点间的电位差。通常规定，电压的参考方向为高电位（“ + ”极性）端指向低电位（“ - ”极性）端，即电压的方向为电位降低的方向。在电路图中所标电压的方向一般都是参考方向（见图 2—2a）。

电压的单位为伏特（V），简称伏。汽车电气系统的额定电压有 12 V 和 24 V 两种。

3. 电动势

电动势是电路中两点的电位差，不过电动势通常是对电源内部而言，是表示其他形式的能量转化成电能的能力。它的参考方向规定为：电源内部低电位（“ - ”极性）端

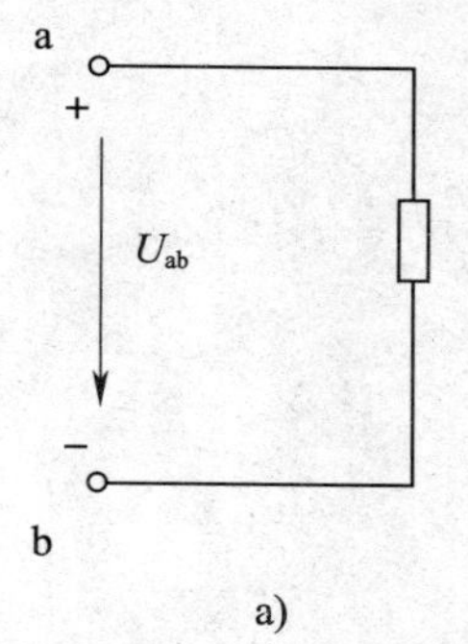

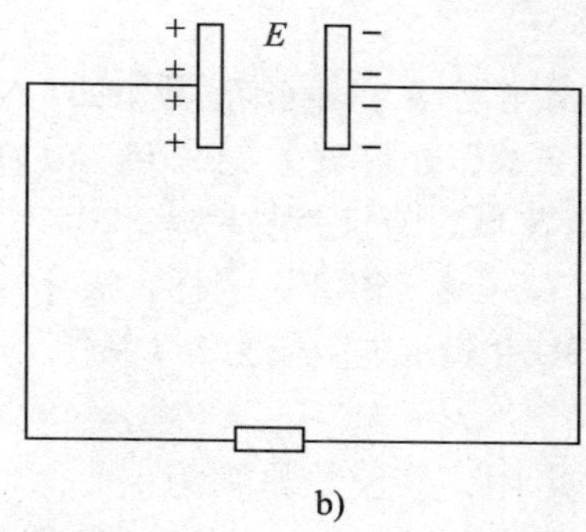

图 2—2　电压的参考方向和电动势

a）电压方向　b）电动势方向

指向高电位（“+”极性）端，即电动势的方向为电位升高的方向。如图 2—2b 所示，电动势是矢量，表示电源本身的性质。电动势的单位为伏特（V），通常用字母 E 来表示。

4. 电位

电路中某点和参考点之间的电压称为该点的电位。电位没有方向性，是标量，单位是伏特（V）。用字母 V 表示某点的电位，如 $V_a=5$ V。为了便于分析和维修电路，常选定某一点作为参考点，在汽车电路中，用汽车底盘、车架和发动机等金属件作为参考零点，即零电位，也就是通常说的“接地”或“搭铁”。

5. 负载

负载是将电能转换成其他形式能量的装置。如汽车中的灯泡（将电能转换成光能）、电动机（将电能转换成机械能）等都是负载，如图 2—3 所示。

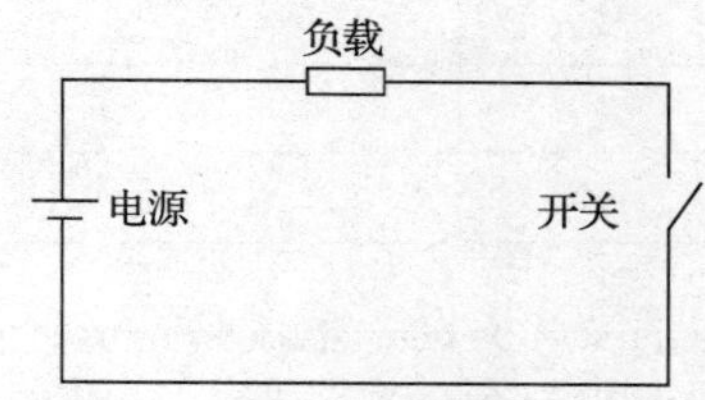

图 2—3　电路中的负载

6. 电阻

（1）电阻的概念。导体对电流的阻碍作用就称为该导体的电阻，用字母 R 表示。电阻主要用于控制和调节电路中的电流和电压，或用做消耗电能的负载。电阻的单位有：欧姆（Ω）、千欧（kΩ）、兆欧（MΩ），其换算公式为

$$1\ \mathrm{M\Omega}=10^3\ \mathrm{k\Omega}=10^6\ \Omega$$

（2）电阻的分类

1）按阻值是否可变可分为固定电阻、可变电阻（可变电阻常称为电位器）。

2）按材料不同可分为碳膜电阻、金属膜电阻、绕线电阻。

3）按安装方式不同可分为插件式电阻、贴片式电阻。

在汽车电路中，较多采用贴片电阻，其外观大多两端为银色，中间为黑色，也有个别为蓝色（见图 2—4）。

（3）电阻的标识。在绝缘体上涂上一层导电材料，形成一层膜，根据涂层的薄厚就形成了阻值不同的电阻。电阻阻值的标识方法有两种：

1）直标法。所谓直标法，就是在电阻器上直接印出阻值。

对于插件式电阻器，可直接读数，如3 Ω 3 Ⅰ表示电阻值为3. 3 Ω，允许误差为 ±5%；1K8 Ⅲ表示电阻值为1. 8 kΩ，允许误差为 ±20%；电器上印有“2. 2 K”或“2K2”字样，表示电阻值为2. 2 kΩ；5M1 Ⅱ表示电阻值为5. 1 MΩ，允许误差为 ±10%。

对于贴片电阻，其读数原则为：前两位是有效位，第三位表示0的个数，例如，452即为$45\times10^2=4\,500$ Ω；若阻值小于10 Ω，则用R表示，且R代表小数点，如2R2即阻值为2. 2 Ω；R22即阻值为0. 22 Ω。

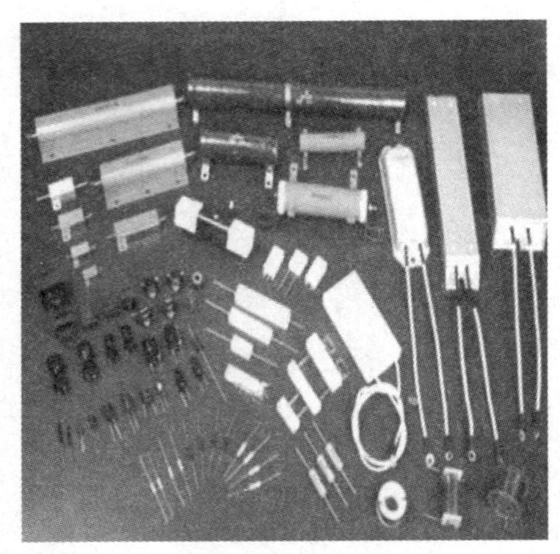

图2—4　各种电阻

2）色标法。将不同颜色的色环涂在电阻上来表示电阻的标称值及允许误差，各种颜色所对应的数值见表2—1。固定电阻色环标志读数识别规则如图2—5所示。

表2—1　电阻色环符号意义

颜色	有效数字第一位数	有效数字第二位数	倍乘数	允许误差（%）
棕	1	1	10^1	±1
红	2	2	10^2	±2
橙	3	3	10^3	
黄	4	4	10^4	
绿	5	5	10^5	±0. 5
蓝	6	6	10^6	±0. 2
紫	7	7	10^7	±0. 1
灰	8	8	10^8	
白	9	9	10^9	
黑	0	0	10^0	
金			10^{-1}	±5
银			10^{-2}	±10
无色				±20

如图2—5中四环的电阻值：黑色代表个位0，棕色代表十位1，即10 kΩ。

（4）特殊电阻在汽车上的应用

1）压敏电阻。电阻值随压力的变化而发生变化的电阻称为压敏电阻。在电控汽油喷射系统中，进气歧管压力传感器采用的就是压敏电阻。

2）光敏电阻。光敏电阻是利用半导体的光电效应制成的，光照强度越强，电阻越小；光照强度越弱，电阻越大。例如，汽车自动空调上的阳光传感器就是光敏电阻。

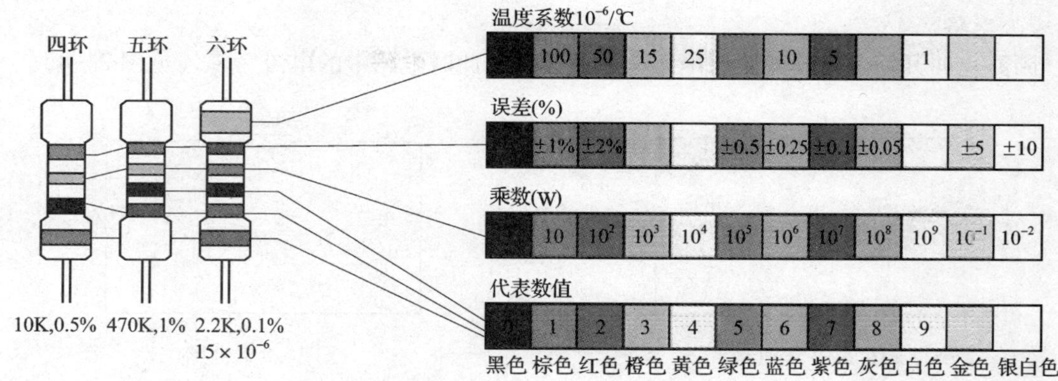

图 2—5　色环电阻对照表

3）热敏电阻。热敏电阻由半导体陶瓷材料组成，其原理是温度引起电阻变化。热敏电阻包括正温度系数（PTC）和负温度系数（NTC）热敏电阻，以及临界热敏电阻（CTR）。汽车上常用负温度系数热敏电阻，温度越高，电阻越小。例如，发动机上的水温传感器及进气温度传感器。

7. 电容

（1）电容的定义。电容是表征电容器容纳电荷能力的物理量。将电容器的两极板间的电势差增加 1 V 所需的电量，称做电容器的电容。

（2）电容器的分类。按电容器的容量是否可调分为：固定电容器、可变电容器、微调电容器；按材料不同可分为：电解电容器、瓷片电容器、云母电容器、涤纶电容器、钽电容器、铝电容器、铌电容器等（见图 2—6）。

 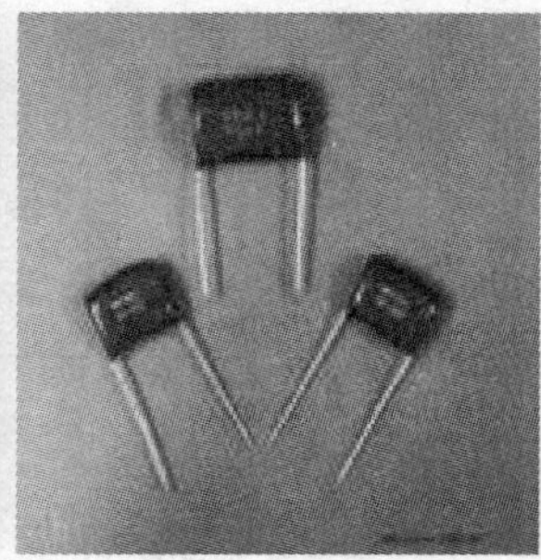 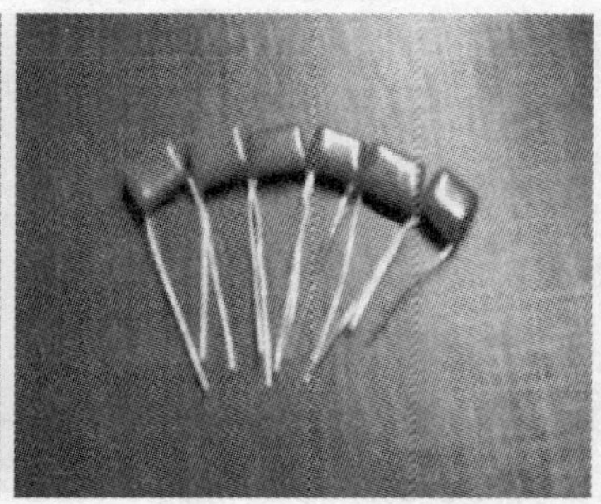

图 2—6　各种电容器

（3）电容器的容量标称法。电容器的容量单位为法拉，用 F 表示。在实际应用中“法拉”的单位太大，常用毫法（mF）、微法（μF）、纳法（nF）和皮法（pF）作单位，其换算公式为

$$1\ \text{F} = 10^3\ \text{mF} = 10^6\ \mu\text{F} = 10^9\ \text{nF} = 10^{12}\ \text{pF}$$

二、电路的三种状态

1. 通路

通路也叫回路，是指从电源的一端沿着导线经过负载最终回到电源另一端的闭合电路。如图 2—7 所示，回路是闭合的，有电流流过，电流方向为：电源正极“+”→电阻 R→开

关→电源负极“ - ”。

2. 断路

断路也叫开路。断开开关，电源构不成回路，此时电路中的电流为零（见图 2—8）。

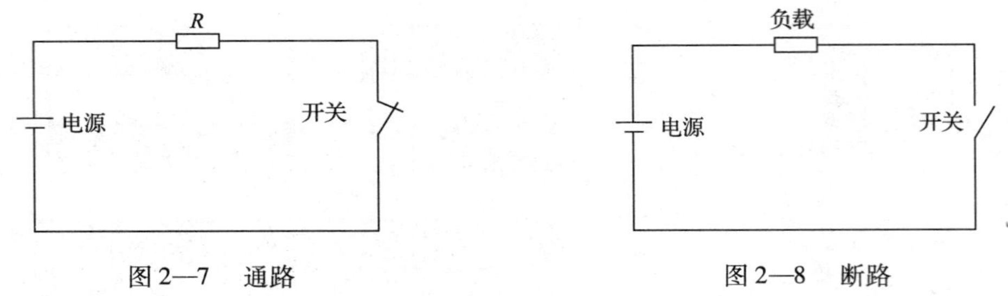

图 2—7 通路　　图 2—8 断路

3. 短路

负载被导线直接短接或负载内部击穿损坏，电荷没有经过负载，直接从正极到负极，此时流过电路的电流很大。如图 2—9 所示为电路短路，因无电阻，电流很大，产生大量热量，致使导线外的绝缘层烧毁，严重的会使车辆着火。

三、电路的基本定律和连接形式

1. 欧姆定律

在纯电阻电路中，元件的端电压与流过该元件的电流的比是一个定值，即 $R = U/I$，称做欧姆定律。此比值就是该元件的电阻，通常用符号 R 表示，单位是欧姆（Ω）。

2. 串联

两个或多个元件首尾相接在电路中，使电流只有一条通路，这种连接方式称为串联。如图 2—10 所示为两个电阻 R_1、R_2的串联电路。

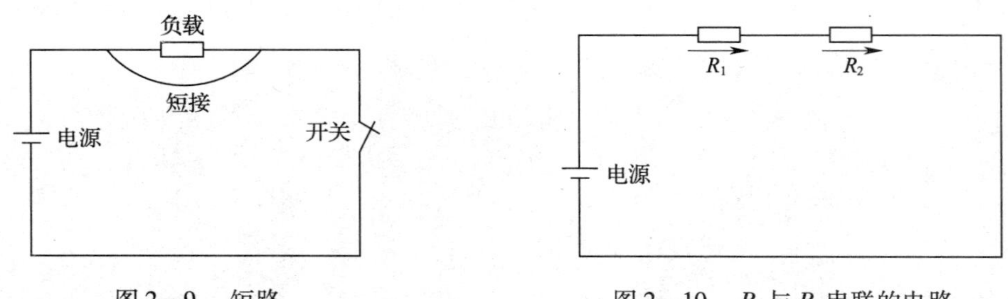

图 2—9 短路　　图 2—10 R_1与 R_2串联的电路

在同一串联电路中，若电阻 R_1的电流为 I_1，电压为 U_1；电阻 R_2的电流为 I_2，电压为 U_2；…；电阻 R_n的电流为 I_n，电压为 U_n：

所有元件上流过的电流相等，即 $I_1 = I_2 = \cdots = I_n = I_{总}$。

总电阻等于各电阻之和，即 $R_1 + R_2 + R_3 + \cdots + R_n = R_{总}$。

总电压等于各负载电压总和，即 $U_1 + U_2 + U_3 + \cdots + U_n = U_{总}$。

3. 并联

电路中有两个或多个元件连接在两个公共的节点之间，承受同一个端电压，这些元件的连接关系称为并联，如图 2—11 所示为两个电阻 R_1、R_2的并联电路。

在并联电路中，总电阻的倒数等于各电阻倒数之和，即

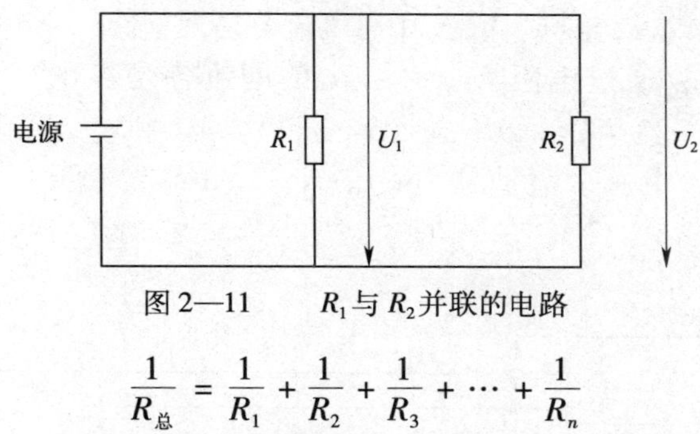

图 2—11　R_1与R_2并联的电路

$$\frac{1}{R_{总}}=\frac{1}{R_1}+\frac{1}{R_2}+\frac{1}{R_3}+\cdots+\frac{1}{R_n}$$

在同一并联电路中，所有元件上的电压相等。如图 2—11 所示，电阻 R_1的电压 U_1和 R_2的电压 U_2相等，即 $U_1=U_2$。

练习

1．认识电容、电阻。

2．电阻的识别和阻值的读取。

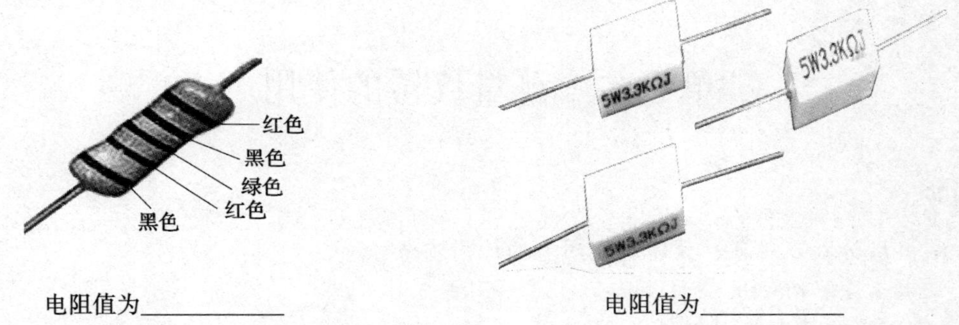

电阻值为____________　　电阻值为____________

3．串并联电路的识别

（1）试分析图 2—12 的各分图中所示电阻 R_1、R_2、R_3是串联关系还是并联关系？

（2）$R_1=16\ \Omega$，$R_2=1.2\ \text{k}\Omega$，$R_3=1.6\ \Omega$，试计算图 2—12 的各分图中总电阻的大小。

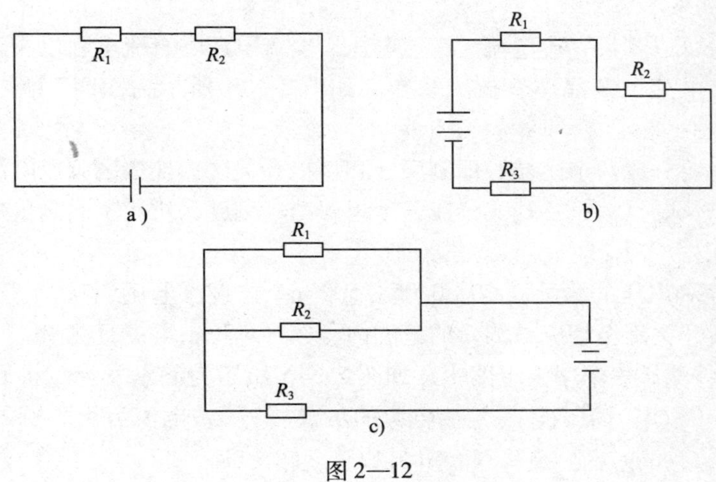

图 2—12

（3）如电源电压为 12 V，图 a、b、c 中总电流各是多少？

（4）分析得出结论：通过电阻 R_1、R_2、R_3 的电流各是多少？电阻两端的电压各是多少？

4．试分析图 2—13 中 4 个喷油器 No. 1、No. 2、No. 3、No. 4 是串联关系还是并联关系？

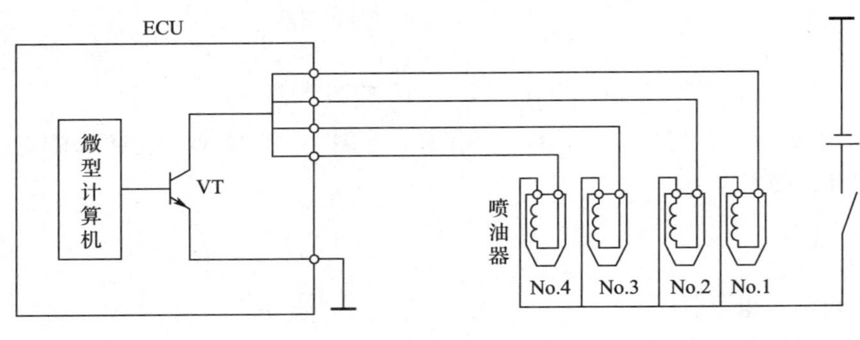

图 2—13

单元二　测量仪器的使用

学习目标

1．掌握指针式万用表、数字式万用表的使用方法。

2．掌握示波器的使用方法。

一、万用表的基本使用方法

万用表是一种最常用的电工测量仪表，它的功能齐全，能够测量多种电量和电参数，并且测量量程多、操作简单、携带方便。

目前广泛使用的万用表有指针式万用表和数字式万用表。

1．指针式万用表

指针式万用表可以测量直流电流、直流电压、交流电压、直流电阻以及音频电平，有的还可以测量电容、电感以及晶体管放大系数。如图 2—14 所示为 MF47 型指针式万用表面板图。

万用表面板主要分成两个区域，即刻度区和换挡开关区。换挡区分成电流挡、直流电压挡、交流电压挡以及电阻挡，各挡又分成若干量程挡，刻度区对应不同测量挡有不同的刻度线。

（1）直流电流和电压的测量。测量 0. 05 ~ 500 mA 的直流电流或 0. 25 ~ 1 000 V 的直流电压时，先将转换开关旋至相应被测量的范围内，选好量程，再进行测量。

1）测电流。将测试表笔串入电路中，如图 2—15 所示为测量发光二极管的电流，红笔接电源的正极“＋”，电流流入；黑笔接电源的负极“－”，电流流出。所测值即为流过发光二极管的电流值。

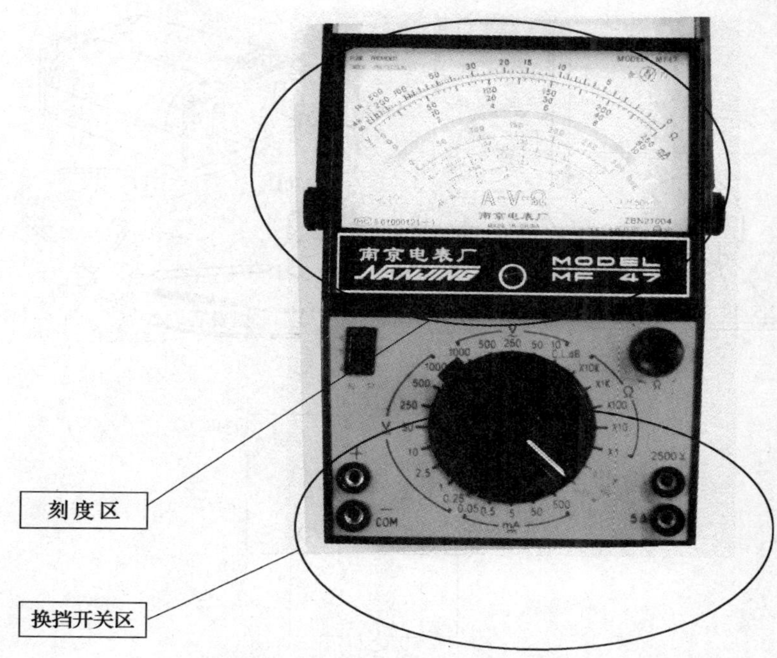

图 2—14　MF47 型指针式万用表面板

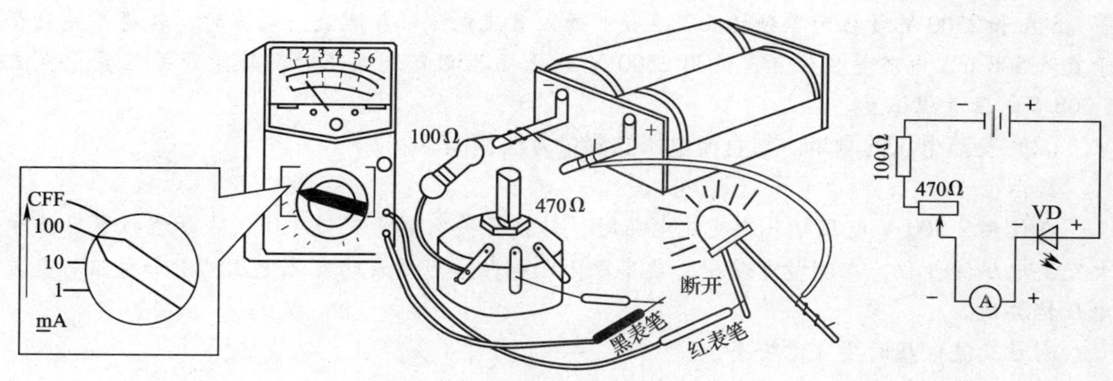

图 2—15　在待测元件的两端测电流

2）测电压。将测试表笔并联接入电路中，如图 2—16 所示为测量发光二极管两端的电压，红表笔接电源的正极“+”，黑表笔接电源的负极“-”。所测值即为发光二极管的电压值。

提示：

插在“+”孔中的红表笔接被测电路的正极，插在“-”孔中的黑表笔接被测电路的负极。

测量时的量程选择要合适，预估数值应使指针偏转在量程 1/2 至 2/3 之间的范围内，如果无法预先估计被测电压或电流的大小，则应先拨至最高量程挡测量一次，再视情况逐渐把量程减小到合适位置。

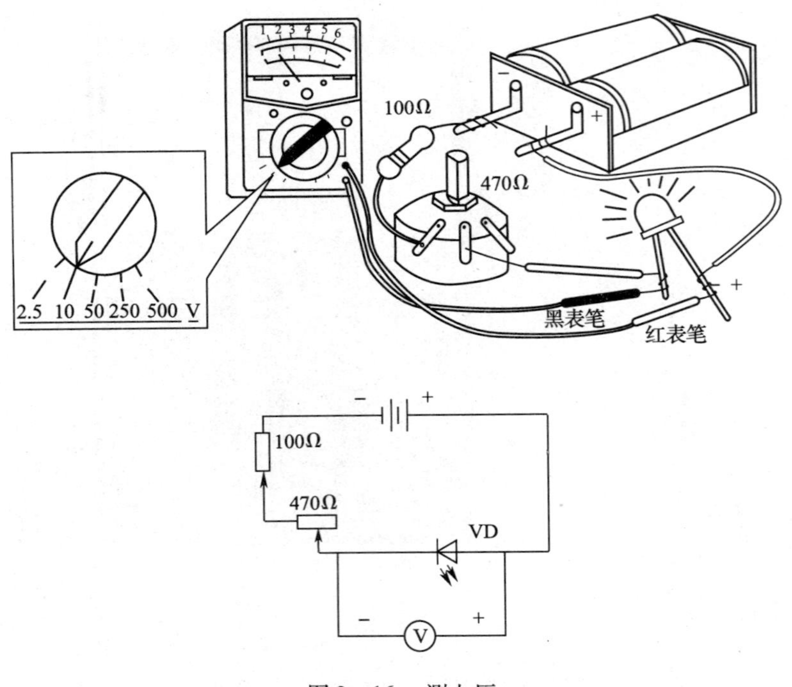

图 2—16 测电压

5 A 和 2500 V 量程为单独插孔，在使用 5 A 直流电流插孔测直流电流时，转换开关应置于直流 500 mA 电流量程位置，使用 2500 V 电压插孔测直流电压时，转换开关应置于直流 1 000 V电压量程位置。

(2) 交流电压的测量。与直流电压的测量方法相同。

提示：

在使用 2 500 V 电压插孔测交流电压时，转换开关需置于交流 1 000 V 量程位置。为扩大交流电压的量程，在测量电路中需要串联附加电阻，万用表的交流电压挡附加电阻与直流电压挡共用。

测量交流电压时要注意安全。

(3) 电阻的测量。MF47 型指针式万用表电阻挡具有，R×1、R×10、R×100、R×1 k 和 R×10 k 挡五个量程。使用万用表欧姆挡测量电阻，除前面讲的使用前应做到的要求外，还应遵循以下步骤（见图 2—17）。

1）将选择开关置于 R×100 挡，将两表笔短接，调整欧姆挡零位调整旋钮，使表针指向电阻刻度线右端的零位。若指针无法调到零点，说明表内电池电压不足，应更换电池。

2）用两表笔分别接触被测电阻两引脚进行测量。正确读出指针所指电阻的数值，再乘以倍率（R×100 挡应乘 100，R×1 k 挡应乘 1 000……）就是被测电阻的阻值。

3）为使测量较为准确，测量时应使指针指在刻度线中心位置附近。若指针偏角较小，应换用 R×1 k 挡；若指针偏角较大，应换用 R×10 挡或 R×1 挡。每次换挡后，应再次调整欧姆挡零位调整旋钮，然后再进行测量。

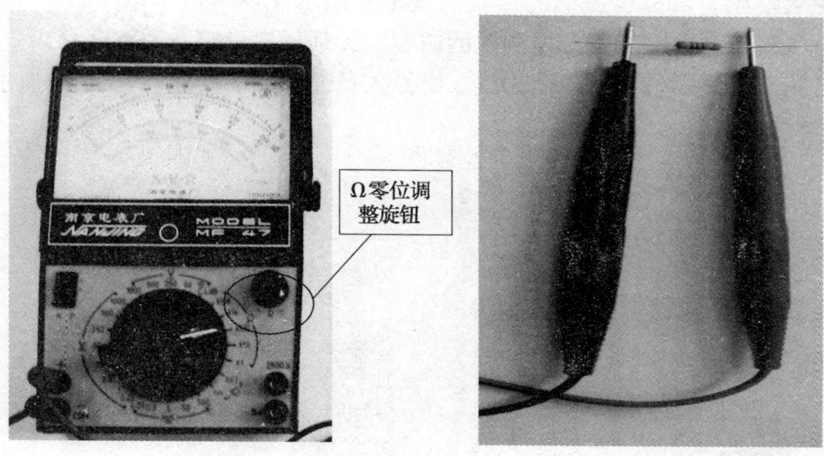

图 2—17　测电阻

4）测量结束后，应拔出表笔，将选择开关置于“OFF”挡或交流电压最大挡位。并将万用表放置妥当。

提示：

被测电阻应从电路中拆下后再测量。两只表笔不要长时间碰在一起。两只手不能同时接触两根表笔的金属杆或被测电阻的两根引脚，最好用右手同时持两根表笔。长时间不使用欧姆挡时，应将万用表中的电池取出。

2. 数字式万用表

数字式万用表除了具有指针式万用表的功能外，还可以测量频率、周期、时间间隔等参数。

数字式万用表主要由数字表、测量电路、量程转换开关等组成。其中测量电路能将待测电量和电参考量转换为毫伏级的直流电压，供数字电压表显示待测量。当量程转换开关置于不同的位置时，可组成不同的测量电路。如图 2—18 所示为 AT2150B 型数字式万用表面板。

图 2—18　AT2150B 型数字式万用表面板

使用 AT2150B 型数字式万用表时，首先请注意检查 9 V电池，将“ON－OFF”按钮按下，如果电池电量不足，则显示屏左上方会出现符号，还要注意测试笔插孔旁边的符号，用来提示测试电压和电流不要超出指示数字。

量程挡位选择同指针式万用表。测量完毕，应将量程开关拨到交流最高电压挡，并关闭电源。

具体使用方法参见指针式万用表。

二、汽车专用示波器

使用通用的示波器测试汽车电控系统的电子设备时，最大的困难是设定示波器（即调整示波器的各个按钮，使显示的波形更为清楚）和分析波形的形状。汽车专用示波器将汽车电子设备的测试设定得非常简单，只要像点菜单一样选择要测试的内容，无须任何设定和调整就可以直接观察波形了，这是因为汽车专用示波器是专门为汽车维修人员设计的示波器，它的设定调整是全自动的，如图2—19所示。

a)　　　　b)

图 2—19　汽车专用示波器

1. 汽车专用示波器的功能

（1）快速捕捉电路信号并以波形形式显示。汽车电子设备的信号有些是变化速率非常快的，变化周期达到千分之一秒，通常测试仪器的扫描速度应该是被测信号的 5 ~ 10 倍，许多故障信号是间歇的，时有时无，这就需要仪器的测试速度高于故障信号的速度，汽车专用示波器完全可以胜任这个速度。汽车专用示波器不仅可以快速捕捉电路信号，还可以用较慢的速度来显示这些波形，以便一面观察，一面分析。

（2）储存信号波形。用储存的方式记录信号波形，可以返回来观察已经发生过的快速信号，这就为分析故障提供了极大的方便。无论是高速信号（例如，喷油器信号、间歇性故障信号），还是低速信号（例如，节气门位置变化及氧传感器信号），用汽车专用示波器来观察都可以得到理想的波形结果。

（3）故障排除前后波形对比。汽车专用示波器能够确认故障是否真的被排除了，而不是仅仅知道故障码是否清除，这可以通过从汽车专用示波器中观看修理前后的信号波形来加以判断。

2. 汽车专用示波器检测原理

汽车专用示波器检测汽车电控系统的各个部件是否正常，主要通过对其电子信号所具有的 5 个参数指标的测量来进行对比判断。

这 5 个参数指标分别是：幅值（信号最大绝对值电压）、频率（信号单位时间循环次数）、形状（信号的外形）、脉宽（信号的占空比或所占时间，即通电与断电时间之比）、阵列（信号的重复特性）。

汽车专用示波器可以显示出所有电子信号的5种参数波形，通过波形分析可进一步检查出电路中的传感器、执行器以及电路和电控单元等各部分的故障，也可以进行修理后的结果分析，最后再做氧反馈平衡检查，确定整个发动机控制系统的运行情况。例如ADC2000专用示波器，其内部配置有16种重要传感器的标准波形，用户可以将测量波形与标准波形进行比较，分析出传感器的故障。

3. 使用注意事项

目前，汽车维修行业使用的汽车专用示波器一般都具有强大的功能，可测量各类传感器、电控单元和执行器以及点火波形，而且可直接根据屏幕提示通过按键或触摸屏操作，使用方便。在使用汽车专用示波器时应注意以下事项：

（1）测试点火波形时，必须使用示波器附件中的专用电容探头，不能将示波器探头直接接入点火次级电路。

（2）使用汽车专用示波器时，应注意要远离热源，例如排气管、催化转化器等，若温度过高会损坏仪器。

（3）使用汽车专用示波器时，要注意使测试线尽量离开风扇叶片、传动带等传动部件。

（4）路试中，不要将汽车专用示波器放在仪表台上方，最好是拿在手中测试。

（5）测试时确认发动机室盖支撑是否稳妥，防止发动机室盖突然下落伤及操作者头部或损坏汽车专用示波器。

技能训练

一、万用表的使用

1. 测量电压（用数字式万用表）

（1）将黑表笔插入COM插孔，红表笔插入VΩ插孔（见图2—20）。

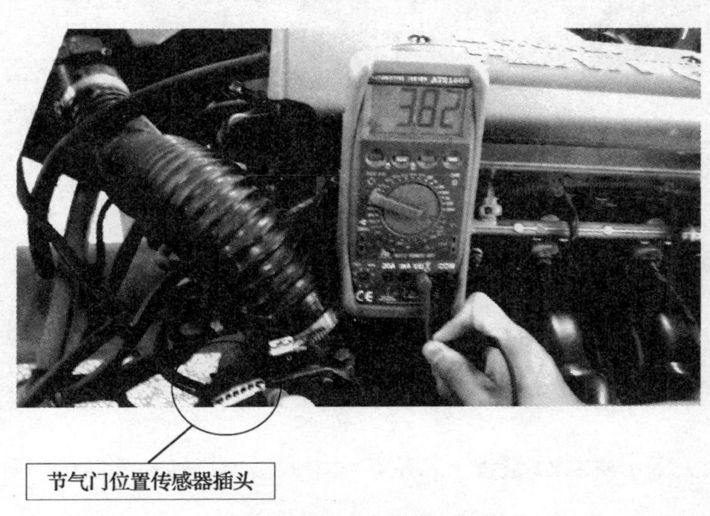

图2—20　测信号电压

（2）测量直流电压（DCV）时，将功能开关置于DCV量程范围。测交流电压（ACV）时，则应置于ACV量程范围。

（3）将红表笔接到被测负载或信号源上（丰田凯美瑞轿车节气门位置传感器），黑表笔搭铁。

(4) 闭合点火开关，在图 2—20 中，AT2150B 型数字式万用表显示电压读数 (3. 82 V)，同时会指示出红表笔的极性（如数字前显示“+”，则红表笔接的为正极，否则为负极）。

2. 测量电流

(1) 将黑表笔插入 COM 插孔，当被测电流在 200 mA 以下时，红表笔插 A 插孔；如被测电流在 200 mA ~2 A，则红表笔移至 10 A 插孔。

(2) 将功能开关置于直流电流（DCA）或交流电流（ACA）量程范围，测试笔串入被测电路中。

3. 测量电阻

(1) 普通电阻的测量

1) 将黑表笔插入 COM 插孔，红表笔插入 VΩ 插孔（注意红表笔极性为“+”），按下“POWER”电源开关。

2) 将功能开关置于所需 Ω 量程上，将测试笔跨接在被测电阻上（喷油器）。如图2—21所示测得阻值为 12. 8 Ω。

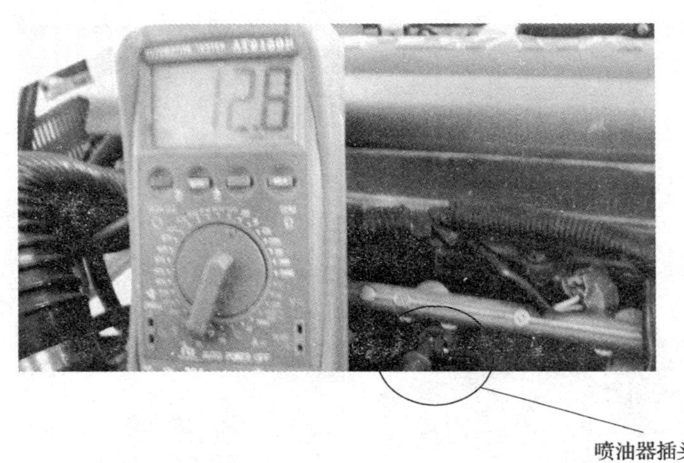

图 2—21　测丰田凯美瑞喷油器的电阻

(2) 热敏电阻的测量（水温传感器的测量）

1) 将黑表笔插入 COM 插孔，红表笔插入 VΩ 插孔（注意红表笔极性为“+”），按下“POWER”电源开关。

2) 将水温传感器（见图 2—22）放入具有相应温度（如 40℃、60℃）的热水中，保持该温度 5 min。

3) 将功能开关置于所需 Ω 量程上，从热水中取出加热好的水温传感器，将测试表笔跨接在水温传感器上。

4) 将测得的读数别填入表 2—2 中的电阻值列表中。

提示：

①选择量程小时，仪表仅在最高位显示数字“1”，其他位均消失，这时应选择更大的量程。当被测电阻在 1 MΩ 以上时，需数秒后方能稳定读数。对于高电阻测量这是正常的。

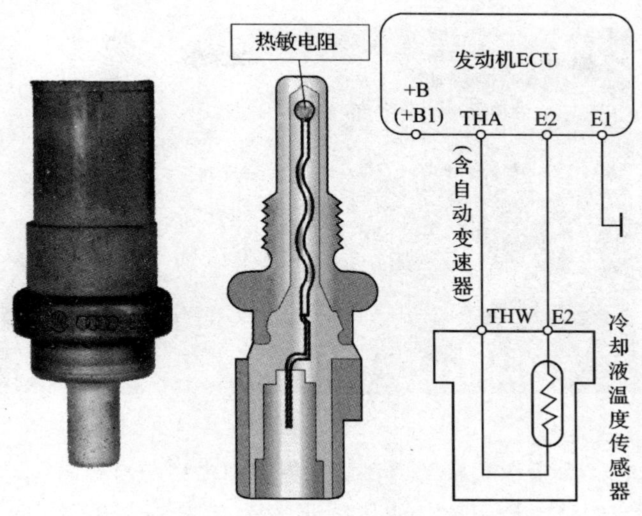

图 2—22　水温传感器

表 2—2　　水温传感器实际测量结果

温度（℃）	电阻值（Ω）	温度（℃）	电阻值（Ω）
20		60	
30		70	
40		80	
50		90	

②测量电压时，应将数字式万用表与被测电路并联。测电流时，数字式万用表应与被测电路串联，测直流量时不必考虑正、负极性。

③检测在线电阻时，确认被测电路已关上电源后，方可进行测量。

④当使用 200 MΩ 量程进行测量时应注意，在此量程，两表笔短接时读数为 1.0，这是正常现象，此读数是一个固定的偏移值。如被测电阻为 100 MΩ 时，读数为 101.0，正确的阻值是显示值减去 1.0，即 101.0 − 1.0 = 100.0。测高阻值时应尽可能将电阻直接插入“VΩ”和“COM”插孔中，长导线在高阻值测量时容易感应干扰信号，使读数不稳定。

⑤禁止在测量高电压（220 V 以上）或大电流（0.5 A 以上）时切换量程，以防止产生电弧，烧毁开关触点。

4. 测量电容

（1）连接电器以前，显示可以缓慢地自动校零，但在 2 nF 量程上剩余 10 位数以内无效是正常的。

（2）把测量电容连接到电容输入插孔（不用试棒）时，有必要注意极性连接，如图 2—23 所示。

提示：

1）测量单个电容器时，应把管脚插进位于面板左下方的两个测试孔中（插进测试孔之前电容器务必放尽电，以免损坏仪表）。

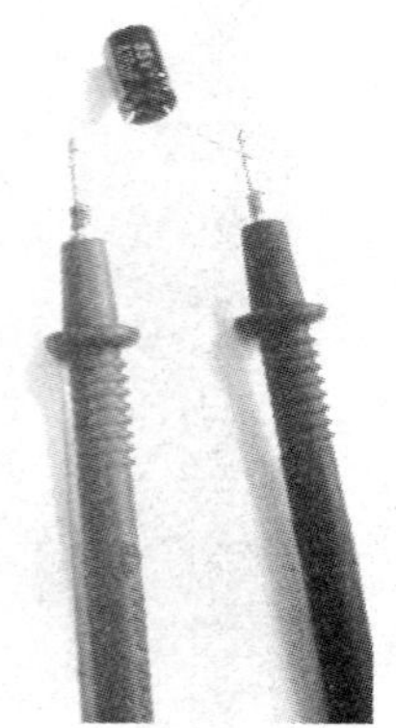

图 2—23　测电容

2）测量大电容时，注意在最后指示之前会存在一定的滞后时间。

3）单位：1 μF = 1 000 nF；1 nF = 1 000 pF。

4）不要把一个外部电压或已充好电的电容器（特别是大电容器）连接到测试端。

5. 温度测量

测量温度时，将热电偶传感器的冷端（自由端）插入温度测试孔中，将热电偶传感器的工作端（测量端）置于待测物上面或内部，可直接通过表笔插座测量。

提示：

此万用表设计为当热电偶插入温度测试孔后，自动显示被测温度。当热电偶传感器开路时，显示常温。

本万用表随机所附 WRNM－010 裸露式接点热电偶传感器极限温度为 2 500℃（短期内为 3 000℃）。

6. 测量音频电信号

（1）将万用表黑表笔插入 COM 插孔，红表笔插入 VΩ 插孔。

（2）将功能开关置于音频（Hz）量程，将测试表笔接入被测电路，读取显示值。

7. 测量数据保持

按下保持开关，显示数字保持测量数据，恢复保持开关符号“H”，显示数字为测量状态。

8. 二极管、三极管的测量（参见模块四）

9. 蜂鸣器通断测试

（1）将万用表黑表笔插入 COM 插孔，红表笔插入 VΩ 插孔。

（2）将量程开关置于“•))) ▶|”挡位。

（3）将表笔跨接在待测线路的两端，当两点之间的电阻值小于 50 Ω 时，蜂鸣器便会发出声响。

提示：

1）当输入端开路时，仪表会显示过量程状态。

2）被测电路必须在切断电源状态下检查通断。因为任何负载信号都可能会使蜂鸣器发声，导致错误判断。

二、用示波器测量简单信号

用示波器测量简单信号的操作要领及测量步骤见表 2—3。

表 2—3　　用示波器测量简单信号的操作要领及测量步骤

操作要领	测量步骤	图形显示
按要求连接仪器，将发动机分析测试卡插入主机后开机。按除【复位】、【电源】、【退出】三个键外的任意一个键，均可进入 KES－200 测试主菜单，如右图所示。在此画面下，按【1】键，选择【1. 四通道示波器】（其他功能，可通过按下对应的数字键实现）	进入示波器	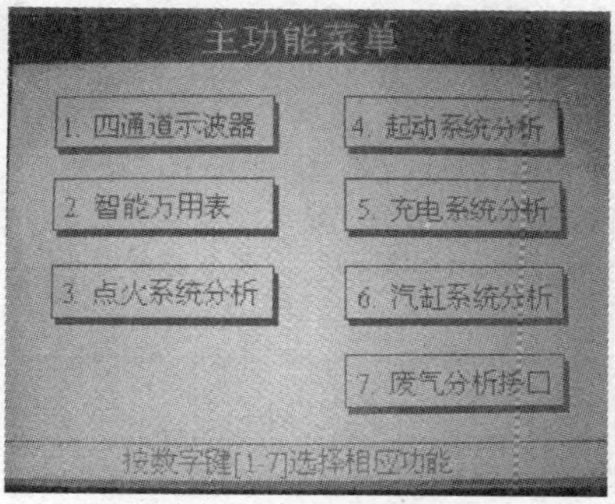 主功能菜单 1. 四通道示波器　4. 起动系统分析 2. 智能万用表　5. 充电系统分析 3. 点火系统分析　6. 汽缸系统分析 7. 废气分析接口 按数字键[1-7]选择相应功能
进入“四通道示波器”菜单后，可根据实际测试的传感器，按菜单提示选择通道，如右图所示，选自动设置，数字【2】表示单通道，数字【3】表示 CH1/CH2 双通道，数字【4】表示 CH3/CH4 双通道，数字【5】表示 CH1/2/3/4 四通道，数字【6】表示与 PC 机通信；可根据实际需要进行选择，如选择【1】表示将通道 CH1 的探头连接到电路被测点，自动设置通道 1 的电压和时间分辨率，接收和显示通道 1 的信号波形，其他通道依次类推	选择通道	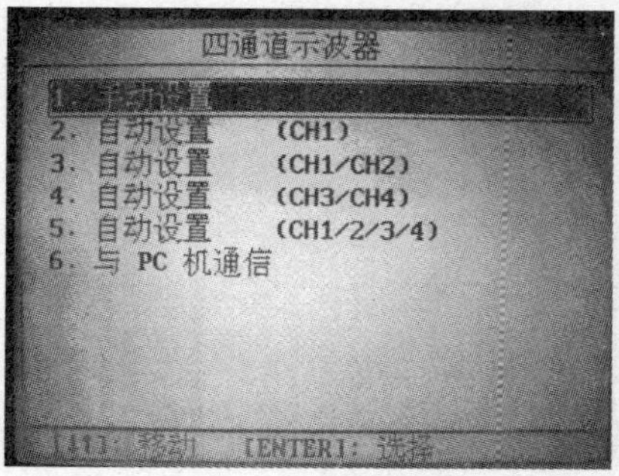 四通道示波器 1. 手动设置 2. 自动设置　(CH1) 3. 自动设置　(CH1/CH2) 4. 自动设置　(CH3/CH4) 5. 自动设置　(CH1/2/3/4) 6. 与 PC 机通信 [↓↑]: 移动　[ENTER]: 选择
如右图所示，根据需要进行选择	传感器的选择	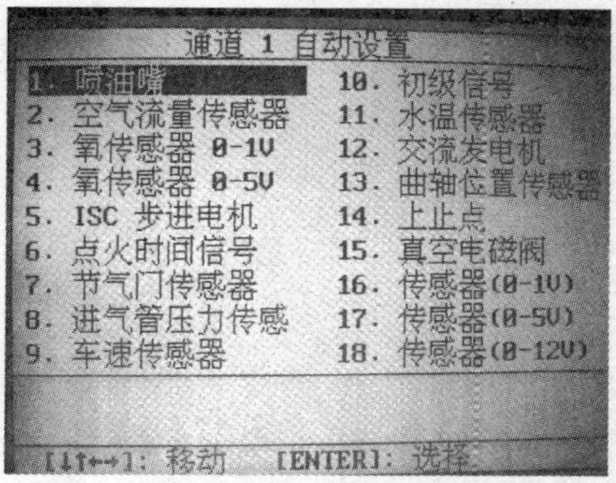 通道 1 自动设置 1. 喷油嘴　10. 初级信号 2. 空气流量传感器　11. 水温传感器 3. 氧传感器 0-1V　12. 交流发电机 4. 氧传感器 0-5V　13. 曲轴位置传感器 5. ISC 步进电机　14. 上止点 6. 点火时间信号　15. 真空电磁阀 7. 节气门传感器　16. 传感器(0-1V) 8. 进气管压力传感　17. 传感器(0-5V) 9. 车速传感器　18. 传感器(0-12V) [↓↑←→]: 移动　[ENTER]: 选择

续表

操作要领	测量步骤	图形显示
显示画面可分为三部分，上部分：显示控制菜单；中间部分：显示示波器波形；下部分：显示当前设定状态，如右图所示	波形显示	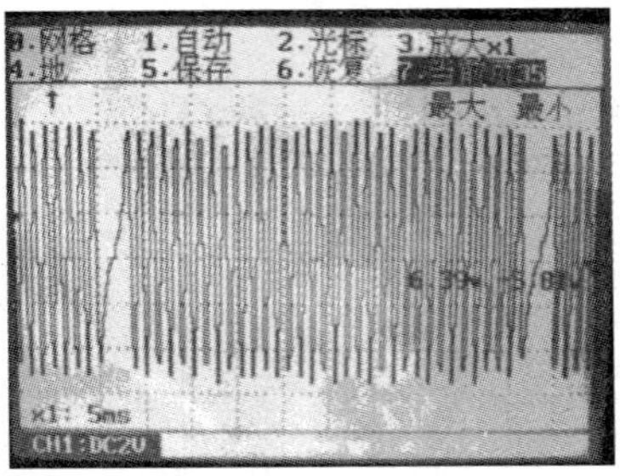
在显示控制功能中，可以根据需要调整示波器波形的显示。显示控制功能可以分为两种方式：正常方式（见图2）和保持方式（见图3）。这两种方式可通过【0. 保持】（见图1）菜单项来选择。【0. 保持】模式是为了详细分析波形而设计的	显示控制	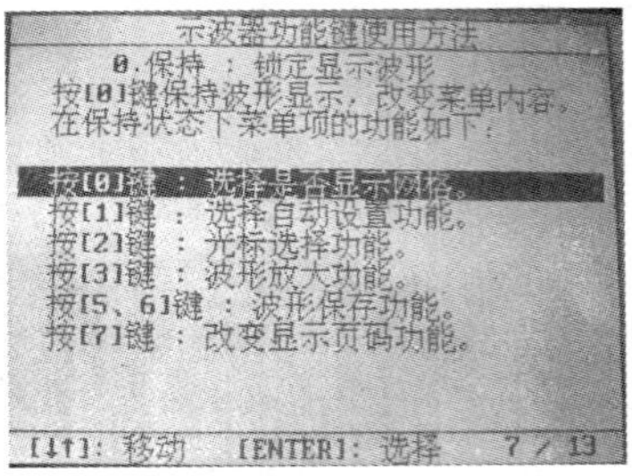 图1 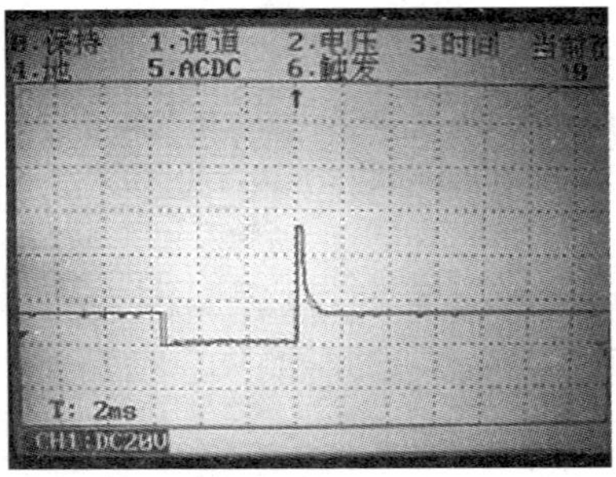 图2 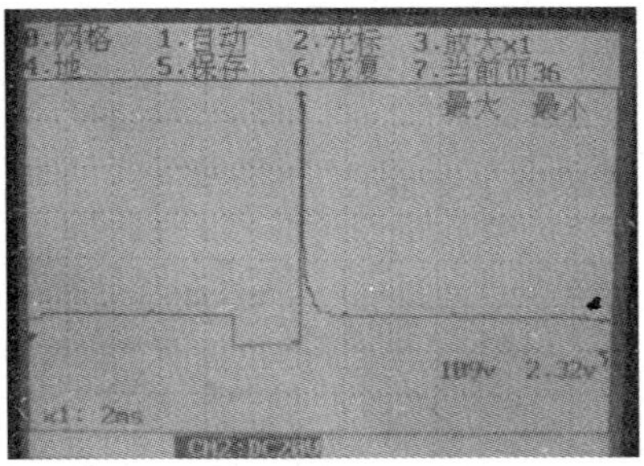 图3

模块三　磁场及电磁器件

单元一　磁场及电磁感应

学习目标

1. 了解磁场的现象及其基本物理量。
2. 了解电磁感应现象。
3. 掌握左手定则、右手定则和右手螺旋定则。

一、磁场的形成及基本物理量

1. 磁体与磁极

人们把物体能够吸引铁、镍、钴等金属及其合金的性质称为磁性。具有磁性的物体称为磁体。

磁体两端磁性最强的部分称为磁极。一个可以在水平面内自由转动的条形磁铁或小磁针，静止后总是一个磁极指南，一个磁极指北，如图 3—1 所示。指南的磁极称为指南极，简称南极（S）；指北的磁极称为指北极，简称北极（N）。

与电荷之间的作用力相似，磁极之间也有相互作用力：同名磁极相互排斥，异名磁极相互吸引。

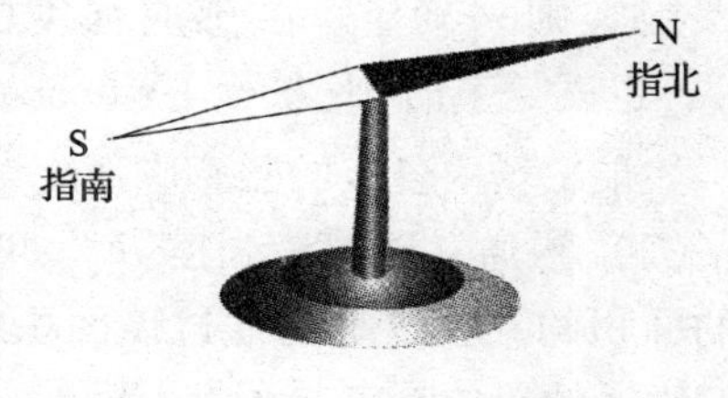

图 3—1　小磁针

2. 磁场与磁感线

两个互不接触的磁体之间为什么会存在相互的作用力呢？这是因为磁体周围的空间存在着一种特殊的物质——磁场。它之所以特殊，在于它是看不见、摸不着的，但是又具有一般物质所固有的一些属性（如力和能的特性）。判断某空间是否存在磁场，一般可用一个小磁针来检验：能使小磁针转动，并总是停留在一个固定方向的空间都存在磁场。

为了形象地描绘磁场的大小和方向，人们引入磁感线的概念。对磁感线有如下规定：

（1）磁感线是互不交叉的闭合曲线。在磁体外部由 N 极指向 S 极，在磁体内部由 S 极指向 N 极。

（2）磁感线上任意一点的切线方向就是该点的磁场方向，即小磁针 N 极所指的方向。

（3）磁感线的密疏程度表示磁场的强弱，即磁感线越密的地方磁场越强，反之越弱。磁感线均匀分布而又相互平行的区域称为均匀磁场，反之则称为非均匀磁场。

条形磁铁的磁感线如图 3—2 所示。

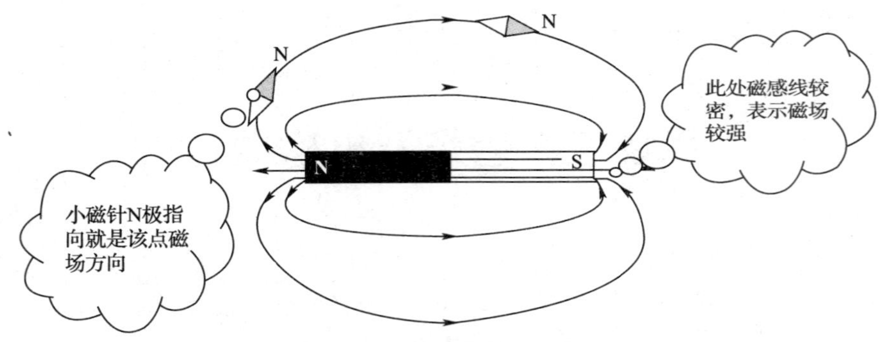

图 3—2　条形磁铁的磁感线

通常，平行于纸面的磁感线用带箭头的曲线表示。垂直于纸面向里的磁感线用符号“×”表示，垂直于纸面向外的磁感线用符号“·”表示。

磁感线是人们为研究磁场方便而引入的物理概念，它不是客观存在的。但是我们可以用实验的方法把磁感线显示出来。在条形磁铁的上面放一块玻璃板或纸板，撒上一些铁屑并轻敲，铁屑就会有规则地排列成如图 3—3 所示的形状，与磁感线相似。

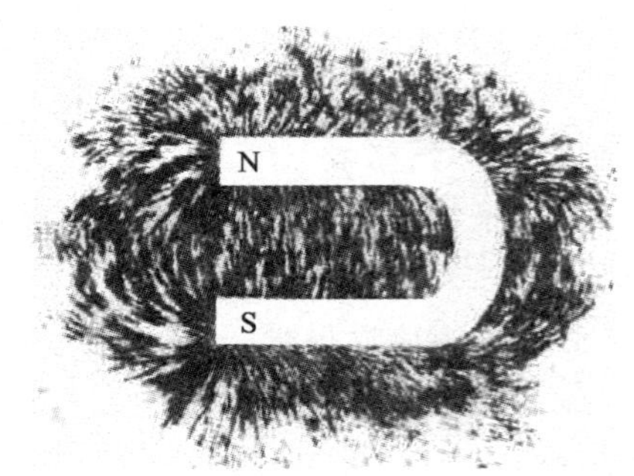

图 3—3　用铁屑模拟磁场

3. 基本物理量

（1）磁感应强度。磁感应强度 B 是表示磁场内某点的磁场强弱和方向的物理量。它是一个矢量。它与电流（电流产生磁场）之间的方向关系可用右手螺旋定则来确定。磁感应强度的单位是特斯拉（T），也就是韦伯/平方米（Wb/m^2）。

如果磁场内各点的磁感应强度大小相等、方向相同，这样的磁场则称为均匀磁场。

（2）磁通。磁感应强度 B（如果不是均匀磁场，则取 B 的平均值）与垂直于磁场方向的面积的乘积，称为通过该面积的磁通（Φ），即 $\Phi = BS$。

磁通的单位是韦［伯］（Wb），也就是伏秒（V·s）。

（3）磁导率。磁导率（μ）是一个用来表示磁场媒质磁性的物理量，也就是用来衡量物质导磁能力的物理量。它与磁场强度的乘积就等于磁感应强度，即 $B = \mu H$。磁导率的单位是亨利/米（H/m）。

（4）磁场强度。磁场强度（H）是计算磁场时所引用的一个物理量，通过它来确定磁场与电流之间的关系。磁场内某点的磁场强度的大小等于该点磁感应强度除以该点的磁导率，即 $H = \dfrac{B}{\mu}$。磁场强度的单位是安培/米（A/m）。

提示：

磁性材料主要是指铁、镍、钴及其合金，将磁性材料放入磁场强度为 H 的磁场（常由线圈的励磁电流产生）内，会受到强烈的磁化。但当磁场强度减为零时，磁感应强度并不为零，这种性质称为磁性物质的磁滞性。有的剩磁是有害的，如果想去掉这些剩磁，通常采用改变线圈中励磁电流的方向，也就是改变磁场强度 H 的方向进行反向磁化的方法来实现。

二、磁路及电磁感应

1. 电磁感应

电磁感应分为两种，直流铁心线圈通直流电来励磁，交流铁心线圈通交流电来励磁。分析直流铁心线圈比较简单，因为励磁电流是直流，产生的磁通是恒定的，在其他和铁心相连的线圈和铁心中不会感应出电动势。当线圈中通有交流电时，它所产生的磁通也是交变的，这一交变的磁场在其他和铁心相连的线圈中就会感应出电动势。

提示：

判断电流产生的磁场方向使用安培定则；判断载流导线在磁场中的受力方向使用左手定则；判断在磁场中运动的导体产生感应电流的方向使用右手定则。

发电机是磁生电，属于电动势的判定，使用右手定则，如图 3—4 所示。电动机是磁生力，使用左手定则，如图 3—5 所示。

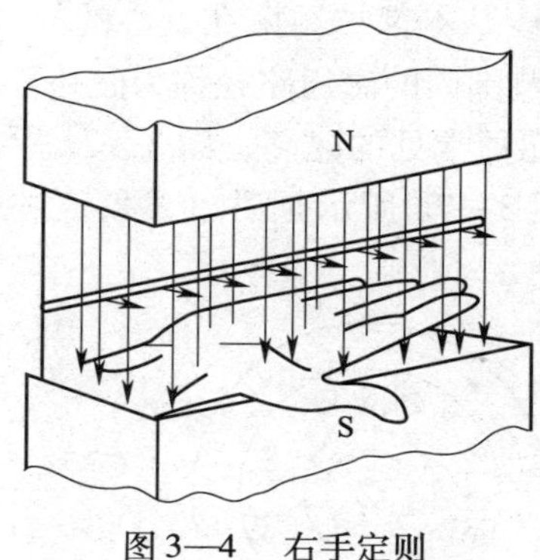

图 3—4　右手定则

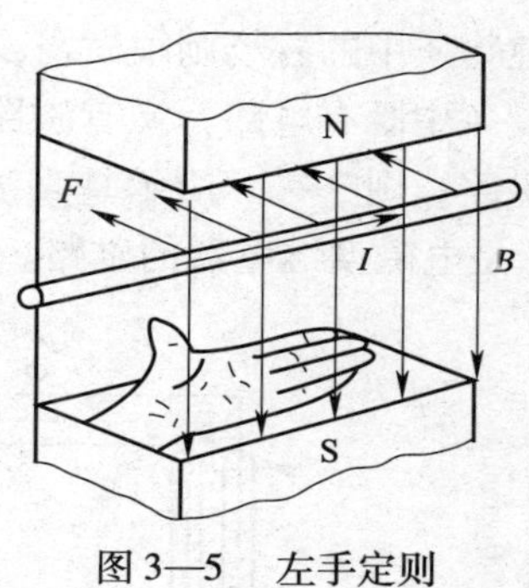

图 3—5　左手定则

2. 左手定则

用于磁场中通电导体对电流作用力方向的判定：伸开左手，使大拇指与其余 4 指垂直并且都与手掌在同一平面内，让磁感线垂直穿过手心，4 指指向电流的方向，此时大拇指所指的方向就是磁场对电流作用力的方向。

3. 右手定则

用于磁场中运动导体对感生电流方向的判定：伸开右手，使大拇指跟其余 4 个手指垂直并且都与手掌在一个平面内，把右手放入磁场中，让磁感线垂直穿入手心，大拇指指向导体运动方向，则其余 4 指所指的方向就是感生电流的方向。

4. 安培定则

安培定则（见图 3—6）是指电流和电流激发磁场的磁感线方向之间关系的定则，也叫右手螺旋定则。

（1）通电直导线中的安培定则（安培定则一）。用右手握住通电直导线，让大拇指指向电流的方向，那么 4 指的指向就是磁感线的环绕方向。

（2）通电螺线管中的安培定则（安培定则二）。用右手握住通电螺线管，使 4 指弯曲的方向与电流方向一致，那么大拇指所指的那一端就是通电螺线管的 N 极。

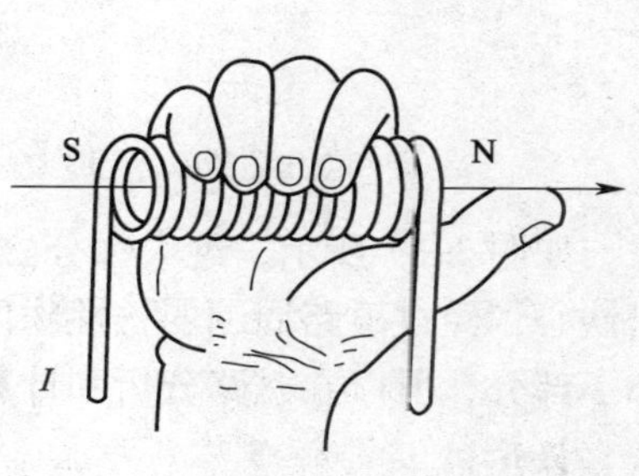

图 3—6　安培定则

提示：

当线圈中通有交流电时，不仅要在线圈中产生感应电动势，而且在铁心内也要产生感应电动势和感应电流，这种感应电流称为涡流，涡流损耗会引起铁心发热。为了减小涡流损耗，铁心可由彼此绝缘的硅钢片叠成，这样就可以限制涡流只在较小的截面内流通。

5. 楞次定律

楞次定律可表述为：闭合回路中感应电流的方向，总是使得它所激发的磁场阻碍引起感应电流的磁通量的变化。楞次定律也可表述为：感应电流在回路中产生的磁通总是反抗（或阻碍）原磁通的变化（见图 3—7）。

6. 磁路的形成

电机、变压器、电磁铁等很多电气设备都用铁磁性材料做成各种形状的闭合铁心。这是由于铁磁性材料具有很高的磁导率，铁心线圈只要通以较小的电流，便能得到较强的磁场或较大的磁通。

由于存在高磁导率铁心，电流产生的磁通或磁感线基本都被约束在铁心的闭合路径中，周围弱磁性物质中的磁场则很微弱，这种限定在铁心范围内的磁通路径称为磁路。因此，电机、电气设备中既有电路，又有磁路。图 3—7 中是几种常见的磁路，图 3—7a 所示是单相变压器的磁路，图 3—7b 所示是直流电机的磁路，图 3—7c 所示是磁电式仪表的磁路，图 3—7d 所示是电磁型继电器的磁路。

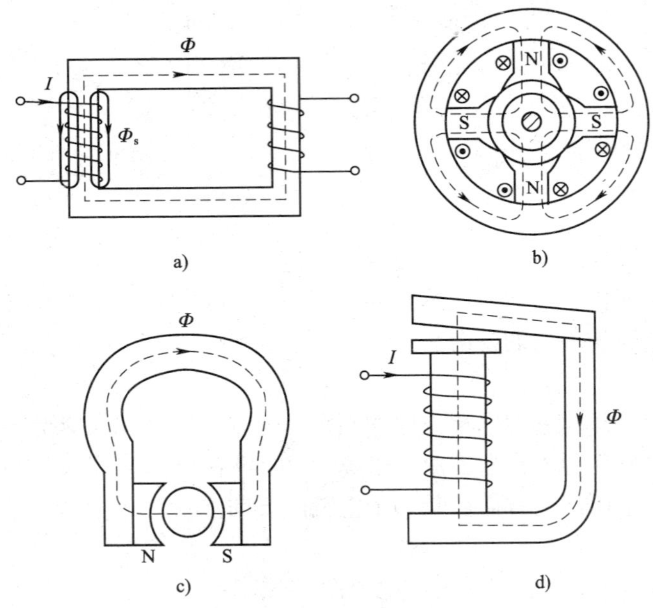

图 3—7　几种常见的磁路

a）单相变压器的磁路　b）直流电机的磁路　c）磁电式仪表的磁路　d）电磁型继电器的磁路

如图 3—7 所示，绝大部分磁通通过闭合的磁路（包括空气隙），叫做主磁通；少数穿出铁心，经过磁路周围弱磁性物质而闭合的磁通，叫做漏磁通。由于漏磁通只占总磁通的很小一部分，所以在磁路分析和计算中一般略去不计。

提示：

磁路和电路具有相似之处，电路中的电动势是形成电流的原因，磁路中的磁动势是产生磁通的原因。通电线圈产生的磁通与线圈的匝数 N 和通过电流 I 的乘积成正比，电路中有电阻，磁路中也有磁阻，它是磁通通过磁路时受到的阻碍作用，磁阻 R_M 的大小与磁路的长度 L 成正比，与磁路的横截面积 S 成反比，并与组成磁路材料的磁导率有关，在磁路长度和横截面积相同的情况下，铁磁性材料的磁阻比空气的磁阻小得多。

练习

1. 根据左手定则来判断通电导体的受力方向。(见图 3—8、图 3—9)

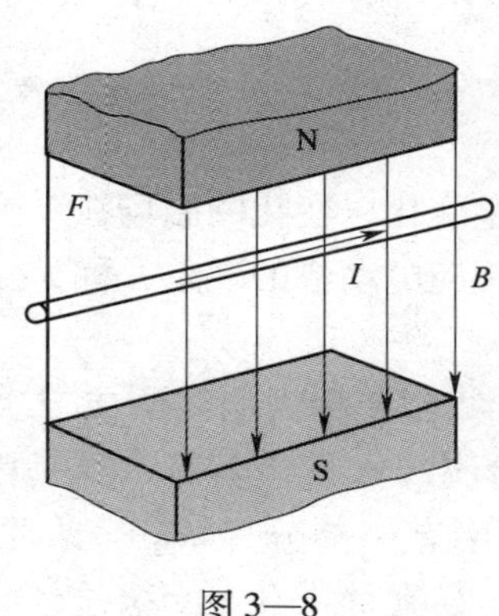

图 3—8

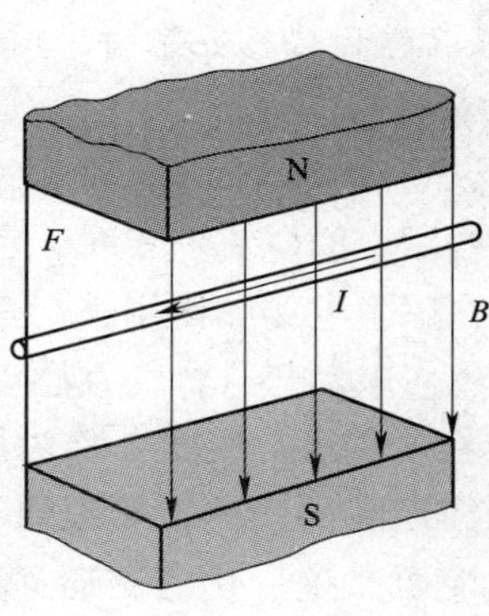

图 3—9

2. 根据右手定则来判断感生电流的方向。(见图 3—10、图 3—11)

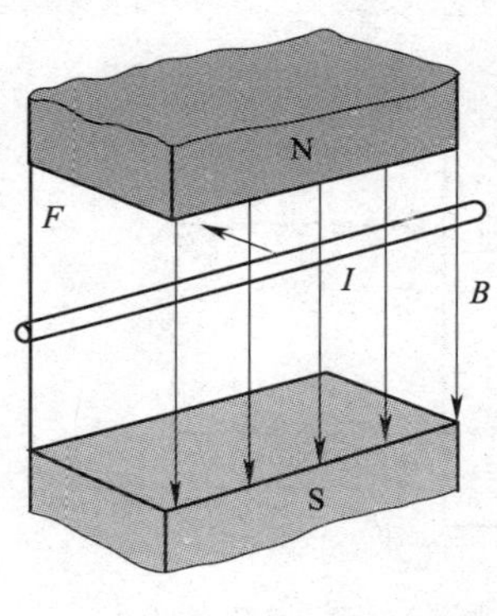

图 3—10

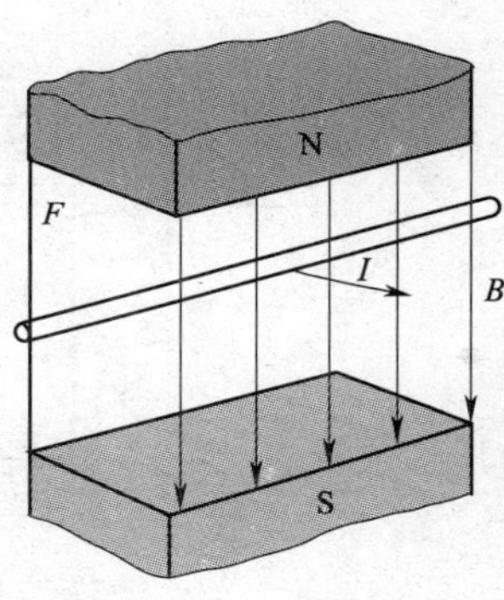

图 3—11

3. 根据右手螺旋定则来判断磁场的方向。(见图 3—12、图 3—13)

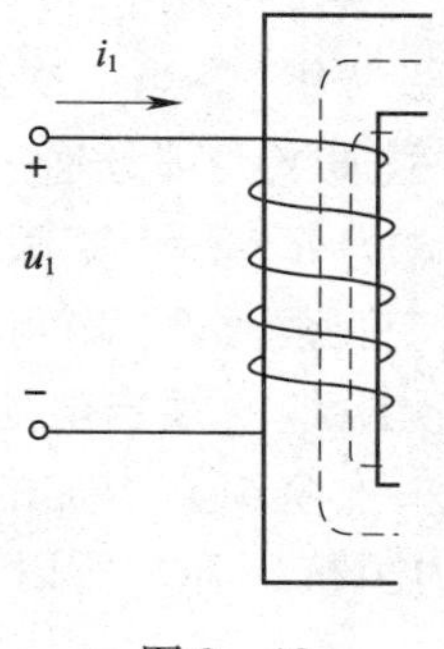

图 3—12

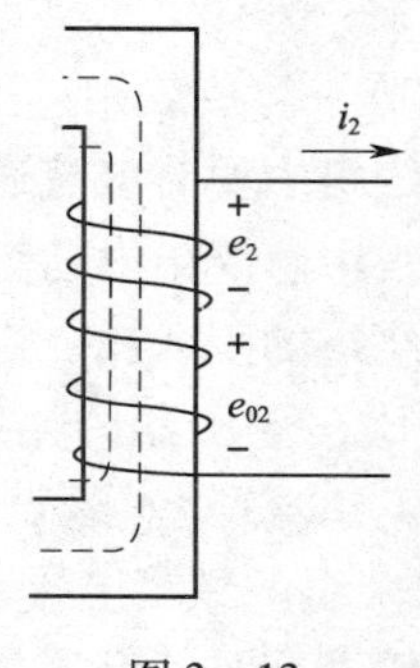

图 3—13

单元二　互感与自感

学习目标

1. 了解互感和自感现象。
2. 了解互感和自感现象产生的原因。
3. 掌握互感和自感现象的应用。

一、互感

1. 互感现象

当一个线圈中的电流变化时，它产生的磁场就会发生变化，变化的磁场在周围空间产生感生电场，在感生电场的作用下，在另一个线圈中产生感应电动势的现象，称为互感。互感现象产生的感应电动势，称为互感电动势。

如图 3—14 所示，线圈 1 称为原线圈或一次线圈，线圈 2 称为副线圈或二次线圈。当开关 S 闭合或切断的瞬间，可以看到与线圈 2 相连的检流计 A 发生偏转，这是因为线圈 1 中变化的电流要产生变化的磁通 Φ_{01}，这个变化的磁通中有一部分（Φ_{02}）要通过线圈 2，使线圈 2 产生感应电动势，并由此产生感应电流，使检流计发生偏转。我们把由互感现象产生的感应电动势叫做互感电动势。感应电动势的方向由楞次定律和右手螺旋定则来确定。

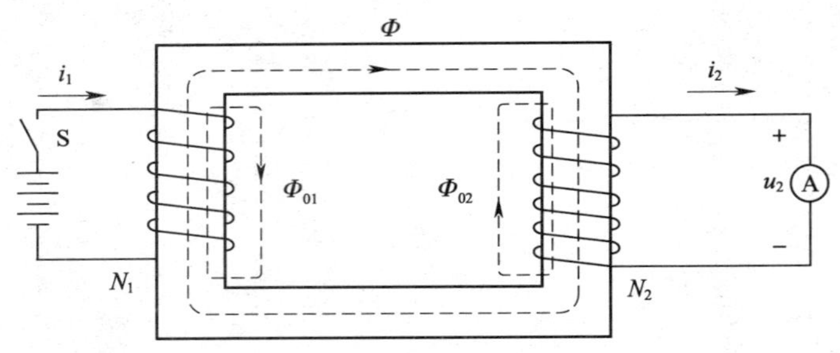

图 3—14　互感电动势的原理图

2. 互感电动势的应用

（1）变压器。如图 3—15 所示为一个变压器的原理图，与电源相连的称为一次绕组 N_1（或称初级绕组），与负载相连的称为二次绕组 N_2（或称次级绕组）。当一次绕组接入交流电压时，一次绕组中便有电流通过，一次绕组的磁路产生的磁通绝大部分通过铁心而闭合，从而在二次绕组中感应出电动势。一次、二次绕组的电压之比为 K，称为变压器的变比，也即一次、二次绕组的匝数比。当电源电压 u_1 一定时，只要改变匝数比 K，就可得出不同的输出电压 u_2。变比在变压器的铭牌上注明，它表示一次、二次绕组的额定电压之比。例如：6 000 V/400 V（$K=15$）。这表示一次绕组的额定电压（即一次绕组上应加的电压）$U_{1N}=$ 6 000 V，二次绕组的额定电压 $U_{2N}=400$ V。由于变压器有内阻抗压降，所以二次绕组的空载电压一般应较满载时的电压高 5% ~10%。

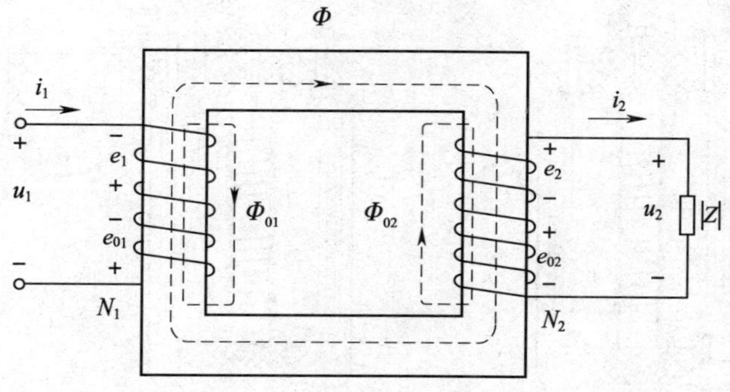

图 3—15　变压器的原理图

（2）点火线圈。汽车上由微机控制的点火系是利用点火线圈的互感原理工作的，其工作过程如图 3—16 所示。接通点火开关“ON”挡，当发动机曲轴转动时，曲轴位置传感器、空气流量传感器、水温传感器、怠速开关等将所有信息传给电子控制单元（ECU），ECU 根据已储存的点火提前角的脉谱图，计算出最佳的点火提前角，用以控制三极管的通断，以控制点火线圈一次绕组的通断。当三极管导通时，点火线圈一次绕组通过低压电流，铁心存储了磁场能；当三极管截止时一次绕组断电，磁场瞬间消失，使得二次绕组感应出高压电动势。点燃圈内部结构如图 3—17 所示。

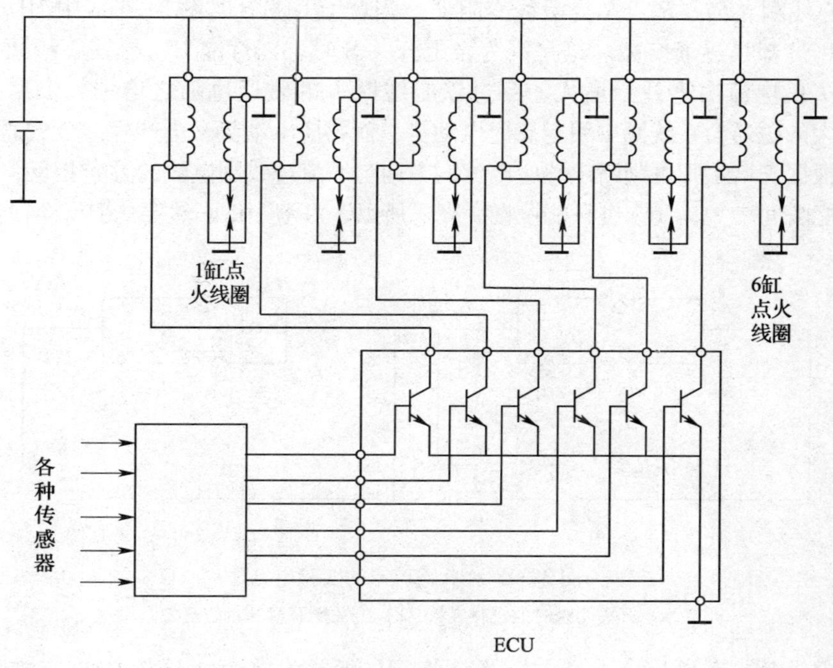

图 3—16　微机控制点火系的工作过程

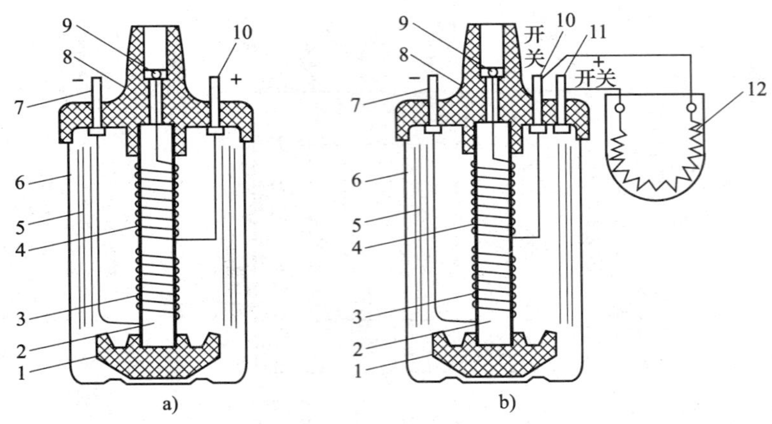

图 3—17　开磁路点火线圈

a）两接线柱式　b）三接线柱式

1—瓷杯　2—铁心　3—一次绕组　4—二次绕组　5—硅钢片　6—外壳　7—“－”接线柱
8—胶木盖　9—高压接线柱　10—“＋”接线柱或开关接线柱
11—“＋”接线柱　12—附加电阻

二、自感

1．自感现象

如图 3—18 所示为自感现象的实验电路。在图中，HL_1、HL_2、HL 是完全相同的三只灯泡，L 为铁心线圈，R_1、R_2、R 为滑线变阻器。当合上开关 S 时图 3—18a 中 HL_1灯立即正常发光，而 HL_2灯却是逐渐变亮。这是因为合上开关 S 时，因灯泡 HL_2与铁心线圈 L 串联，通过铁心线圈 L 的电流由零开始增大，穿过铁心线圈 L 的磁通也随之增加。根据楞次定律可知，这个增大的磁通会在线圈中引起感应电动势，而感应电动势又会产生一个磁通来阻碍原磁通的变化，根据安培定则可判断出感应电流的方向与原流进线圈电流的方向相反，因此流进线圈的电流不能瞬间增大，HL_2 也只能慢慢变亮。所以，灯泡 HL_2必然要比 HL_1亮得慢些。

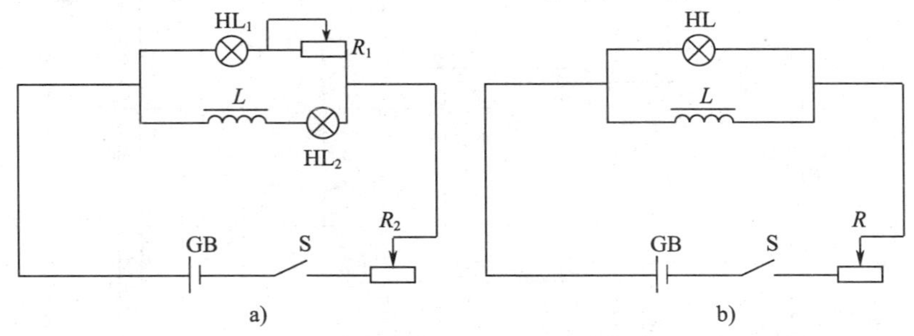

图 3—18　自感现象的实验电路

a）开关闭合时的自感现象　b）开关断开时的自感现象

对于图 3—18b 来说，合上开关，当灯泡 HL 正常发光后，线圈中也有电流流过，其方向从左到右。若突然把开关断开，灯泡会突然地闪亮一下再熄灭。原来，断开开关后，因失去外电源，线圈中的电流及磁通也就突然减小，于是线圈中就要产生一个感应电动势来阻碍原磁通的减小。由楞次定律可知，感应电流的方向与原电流的方向相同。由于感应电动势一般都较高，则流过灯泡 HL 的感应电流就较大，从而使灯泡闪亮一下。

导体本身电流发生变化而产生的电磁感应现象叫做自感现象。自感现象中产生的感应电动势叫自感电动势。

2. 自感电动势的方向

自感电动势的方向仍用楞次定律判断。因为自感电动势总起着阻碍外电流变化的作用，所以，当线圈中外电流 I 增大时，自感电动势的方向与外电流方向相反，以阻碍外电流增大，如图 3—19a 所示；当线圈中外电流 I 减小时，自感电动势的方向与外电流的方向相同，以阻碍外电流的减小，如图 3—19b 所示。

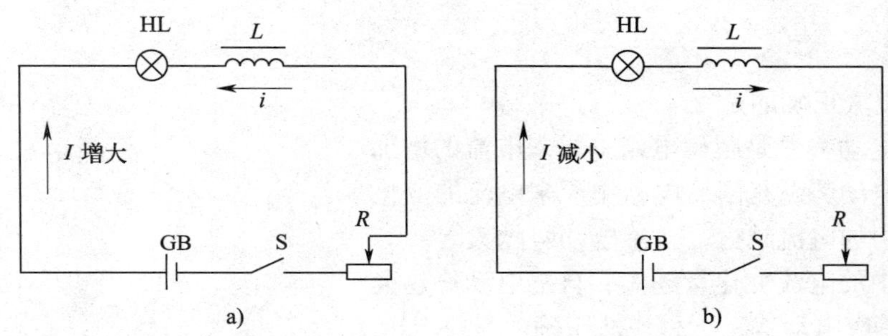

图 3—19　自感电动势的方向

3. 自感电动势的应用

点火系中点火线圈一次绕组中的电流突然减小时，会产生 200 ~ 300 V 的自感电动势，就是利用自感现象来工作的；同时互感的作用在二次绕组中产生 10 000 ~ 30 000 V 高压，以使火花塞点火。

大家熟悉的日光灯电路中的镇流器也是利用自感电动势产生约 550 V 的高压来“点燃”日光灯的。

技能训练——点火线圈的检测

1. 点火线圈（见图 3—17）绕组电阻的检测（指针式万用表）

（1）一次绕组的检测。将万用表置于合适挡位，用万用表表笔连接一次绕组，测试一次绕组是否有断路（电阻无穷大）或短路（比理论上电阻值小）。

（2）二次绕组的检测。将万用表置于合适挡位，用万用表表笔连接二次绕组，测试二次绕组是否有断路（电阻无穷大）或短路（比理论上电阻值小）。

2. 点火线圈的升压实验

（1）由指导教师在汽车电器实验台上按图 3—20 所示进行接线，让红色高压线距搭铁 5 ~ 7 mm 距离。

（2）通过闭合和断开开关 2 来进行点火线圈发火强度实验，让学生进行观摩，体会点火线圈的升压作用。

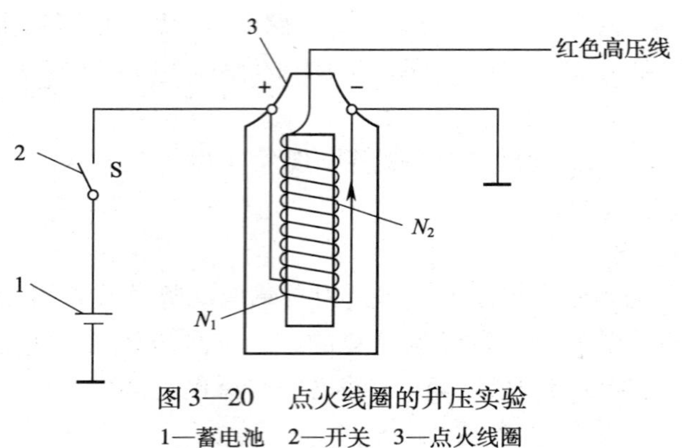

图 3—20　点火线圈的升压实验

1—蓄电池　2—开关　3—点火线圈

练习

1．下面说法正确的是（　　）。

A．自感电动势总是阻碍电路中原来电流的增加

B．自感电动势总是阻碍电路中原来电流的变化

C．电路中的电流越大，自感电动势越大

D．电路中的电流变化量越大，自感电动势越大

2．关于感应电动势，下列说法正确的是（　　）。

A．穿过闭合电路的磁感应强度越大，感应电动势就越大

B．穿过闭合电路的磁通量越大，感应电动势就越大

C．穿过闭合电路的磁通量的变化量越大，其感应电动势就越大

D．穿过闭合电路的磁通量变化得越快，其感应电动势就越大

3．恒定的匀强磁场中有一圆形的闭合导体线圈，线圈平面垂直于磁场方向，要使线圈中能产生感应电流，线圈在磁场中应做（　　）。

A．沿自身所在的平面做匀速运动

B．沿自身所在的平面做匀加速运动

C．绕任意一条垂直于所在平面的直线匀速转动

D．线圈沿磁力线方向上下移动

4．如图 3—21 所示电路，HL_1、HL_2是两盏相同的灯泡，L 是一个自感系数很大的铁心，其电阻与 R 相同。由于存在自感现象，在开关 S 接通和断开时，HL_1、HL_2先后亮暗的次序是（　　）。

A．接通时，HL_1先达最亮；断开时，HL_1 后熄灭

B．接通时，HL_2先达最亮；断开时，HL_2后熄灭

C．接通时，HL_1先达最亮；断开时，HL_1先熄灭

D．接通时，HL_2先达最亮；断开时，HL_2先熄灭

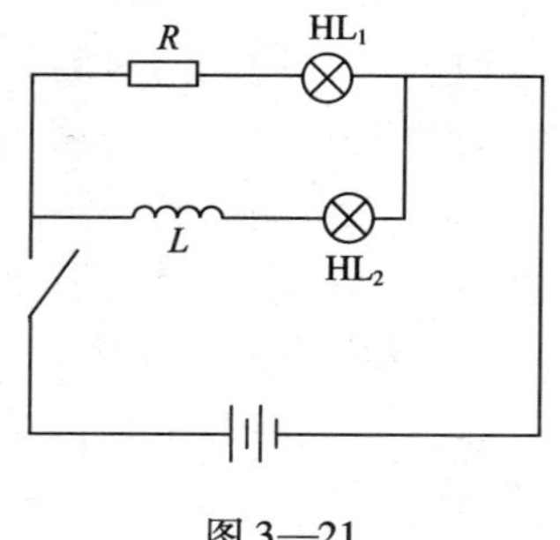

图 3—21

单元三　磁场在汽车电气元件中的应用

学习目标

1. 熟悉继电器、电喇叭、起动机电磁开关的结构与工作原理。

2. 掌握磁感应式曲轴位置传感器的结构及工作原理。

一、电磁铁的概念、结构

1. 电磁铁的概念

电磁铁是利用通电的铁心线圈吸引衔铁或保持某种机械零件、工件于固定位置的一种电器。衔铁的动作可使其他机械装置发生联动。当电源断开时，电磁铁的磁性随着消失，衔铁或其他零件即被释放。

2. 电磁铁的组成与结构

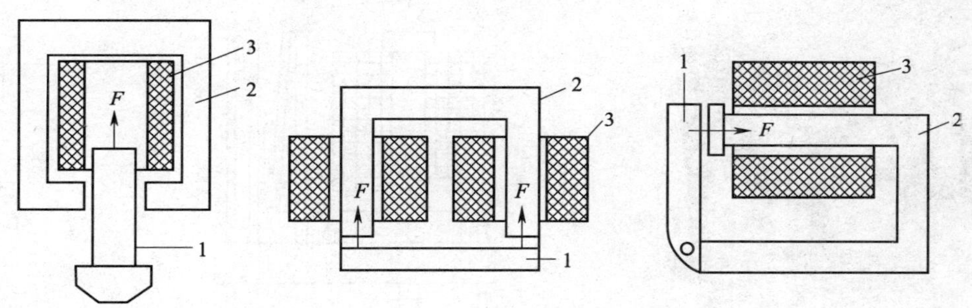

图 3—22　电磁铁的几种结构

1—衔铁　2—铁心　3—线圈

电磁铁可分为线圈、铁心及衔铁三部分，它的结构通常有图 3—22 中所示的几种。目前电磁铁在汽车元件中的应用极为普遍。

二、电磁铁在汽车上的应用

利用电磁铁的特点，可制成许多控制部件或执行部件应用到汽车上，其中比较典型的应用就是继电器、电喇叭、起动机电磁开关等。

1. 继电器

（1）继电器的定义。继电器是自动控制电路中常用的一种元件，它是用较小的电流来控制较大电流的一种自动开关，在电路中起着自动操作、自动调节、安全保护等作用。在工业控制中使用的中间继电器、热继电器等体积较大，线圈通过的电流或承受的电压较大，触点允许通过的电流较大。在汽车电气系统中所使用的继电器体积较小，触点控制的电流也较小，属于小型继电器。

（2）继电器的类型、结构

1）继电器的类型。继电器的种类很多，常用的有电磁式和干簧式两种。电磁式继电器成本较低，便于控制电路采用。干簧式继电器反应灵敏，多作为信号采集使用。汽车控制电路大多采用电磁式继电器作为控制执行部件，采用干簧式继电器作为传感器。

2）继电器的结构（以电磁式继电器为例）。电磁式继电器是以电磁系统为主体构成的，如图 3—23 所示为电磁式继电器的外形、结构和图形符号，当继电器线圈通以电流时，在铁心、轭铁、衔铁和工作气隙中形成磁通回路，从而使衔铁受到电磁吸力的作用而吸向铁心，此时衔铁带动支杆将板簧推开，使一组或几组动断触点断开（也可以使动合触点接通）。

当切断继电器线圈的电流时，电磁力失去，衔铁在板簧的作用下恢复原位，触点又将闭合。

2. 电喇叭

为了警告行人和来往车辆，以保证安全行车，汽车上都装有电喇叭。汽车电喇叭按外形不同可分为螺旋形、筒形和盆形等，目前国产汽车使用的多为螺旋形喇叭和盆形喇叭。两种电喇叭的结构和工作原理基本相同，不同之处是扬声筒的形状不同。

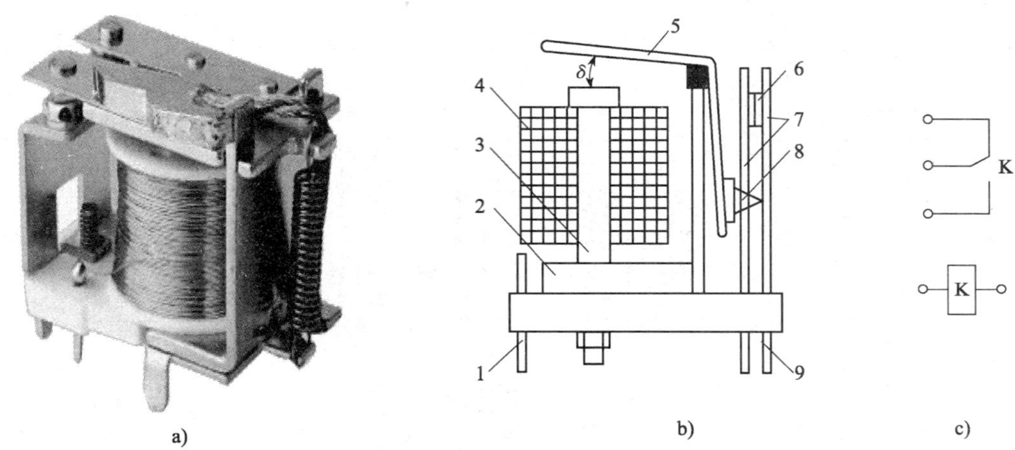

图 3—23　电磁式继电器的外形、结构和图形符号

a）外形　b）结构　c）图形符号

1—线圈焊片　2—轭铁　3—铁心　4—线圈　5—衔铁　6—触点

7—板簧　8—支杆　9—触点焊片

汽车电喇叭靠电磁原理使膜片振动而发出声音警报信号。电喇叭由电磁铁、可动的衔铁、膜片和常闭的触点等构成，如图 3—24a 所示为电喇叭的结构示意图。触点与电磁线圈串联，其中一个触点依附于衔铁。当电流流过电磁线圈时，线圈便建立起吸引可动衔铁的磁场，周边被固定的膜片随着衔铁移动，衔铁移动导致触点打开（见图 3—24b），从而断开电路，使膜片回到它的原来位置，触点再次闭合而重复上述动作。这便引起膜片以每秒数次的频率来回振动。膜片振动，引起电喇叭里面的空气柱振动，从而发出声音。

提示：

大多数汽车都装备两个喇叭，两个喇叭互相并联，然后与喇叭开关（一般装在方向盘上或作为组合开关的一部分）串联，其中一个喇叭的音调应比另一个喇叭的音调高。喇叭的设计和形状决定了发声的频率和音色。喇叭发出的音调与膜片每秒的振动次数有关，膜片振动得越快，音调越高。

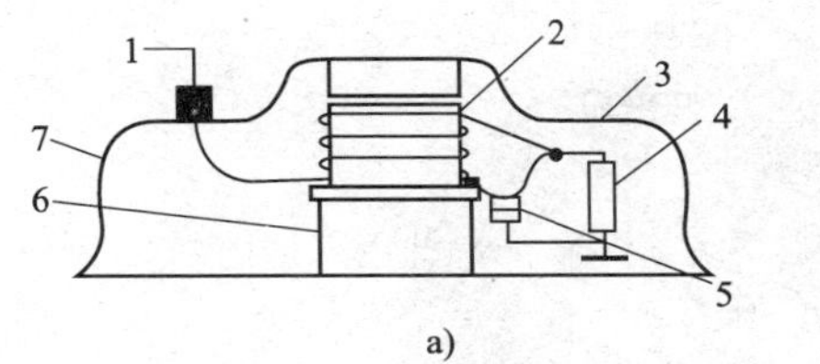

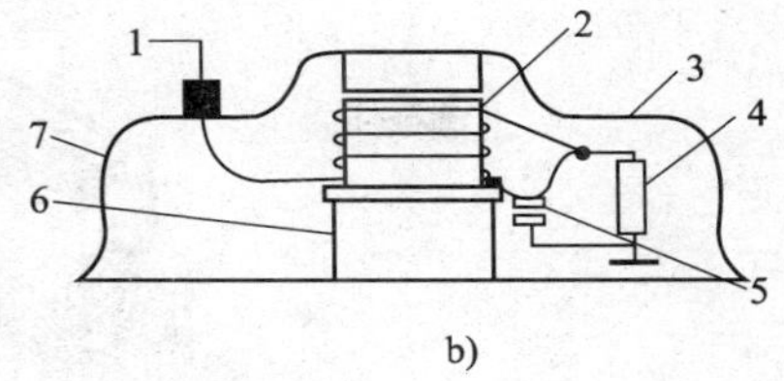

图 3—24　电喇叭的结构示意图

a）触点闭合　b）触点打开

1—接蓄电池正极　2—电磁线圈　3—部分外壳　4—内装电阻

5—触点　6—衔铁　7—膜片

喇叭发出的音调可通过调整施加给衔铁的弹簧拉力来改变，即改变磁场对衔铁的吸力。吸动衔铁的阻力越小，膜片振动频率越高，发出的音调越高。调整的地方在喇叭外壳上，膜片是一个薄的、柔顺的、圆形的盘，盘边被喇叭壳压住，中部能挠曲。更进一步：喇叭电路控制方式有用继电器和不用继电器两种，不用继电器的喇叭是低电流型的；最常用的是用继电器的喇叭，通常的电路布线都将喇叭开关下面的触片接蓄电池电压。

各种汽车喇叭如图 3—25 所示。

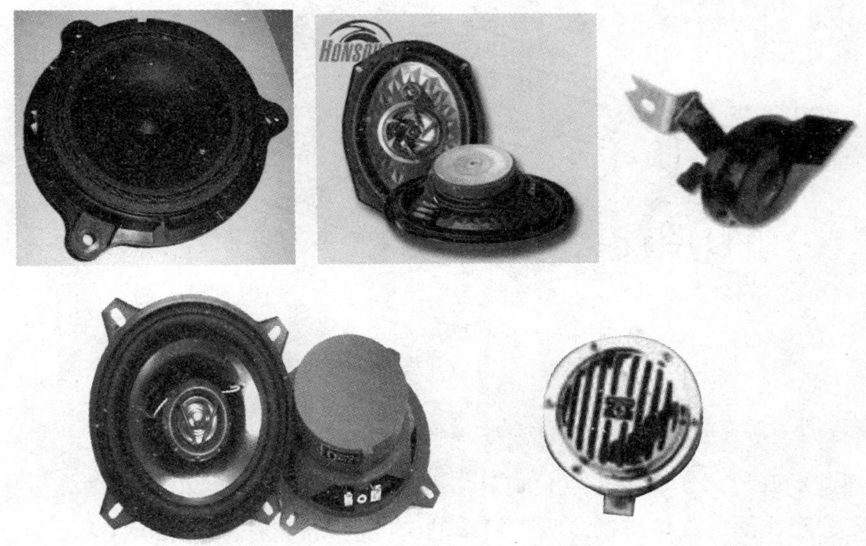

图 3—25　各种汽车喇叭

3. 起动机电磁开关

起动机的结构示意图如图 3—26 所示。

（1）电磁控制装置的组成。电磁开关如图 3—27 所示，主要由吸引线圈、保持线圈、复位弹簧、活动铁心、接触片等组成。

（2）起动机基本工作过程

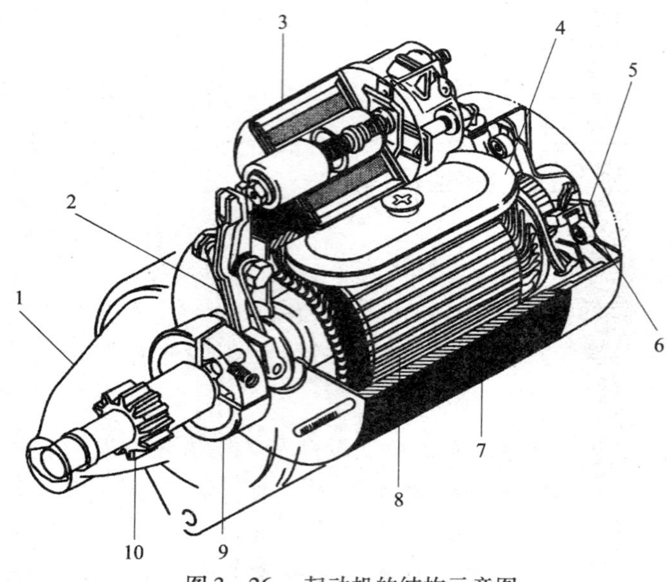

图 3—26　起动机的结构示意图

1—驱动机构外壳　2—拨叉　3—电磁开关　4—励磁线圈　5—电刷　6—电刷弹簧
7—外壳　8—电枢　9—起动机离合器　10—驱动齿轮

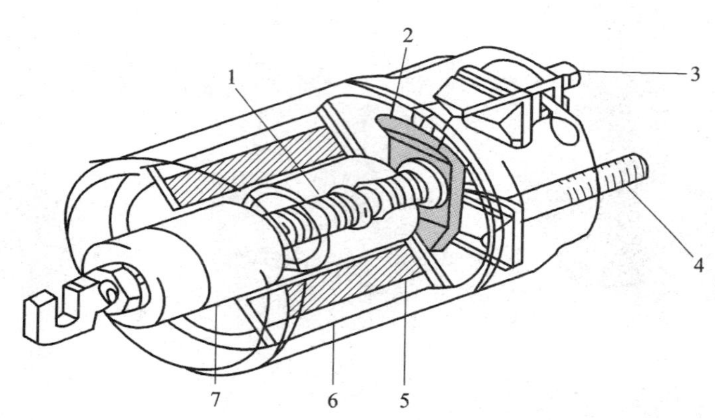

图 3—27　电磁开关的结构示意图

1—复位弹簧　2—接触片　3—端子 30　4—端子 C
5—吸引线圈　6—保持线圈　7—活动铁心

1）接通起动开关时。如图 3—28 所示，当点火开关接通后，保持线圈的电流经起动机端子 50 进入，经线圈后直接搭铁，吸引线圈的电流也经起动机端子 50 进入，但通过线圈后未接搭铁，而是进入电动机的励磁线圈和电枢后再搭铁。两线圈通电后产生较强的电磁力，克服复位弹簧弹力而使活动铁心移动，一方面通过拨叉带动驱动齿轮移向飞轮齿圈并与之啮合，另一方面推动接触片移向端子 50 和端子 C 的触点，在驱动齿轮与飞轮齿圈进入啮合后，接触片将两个主触点接通，使电动机通电运转。在驱动齿轮进入啮合之前，由于经过吸引线圈的电流经过了电动机，所以电动机在这个电流的作用下会产生缓慢旋转，以便驱动齿轮与飞轮齿圈进入啮合。

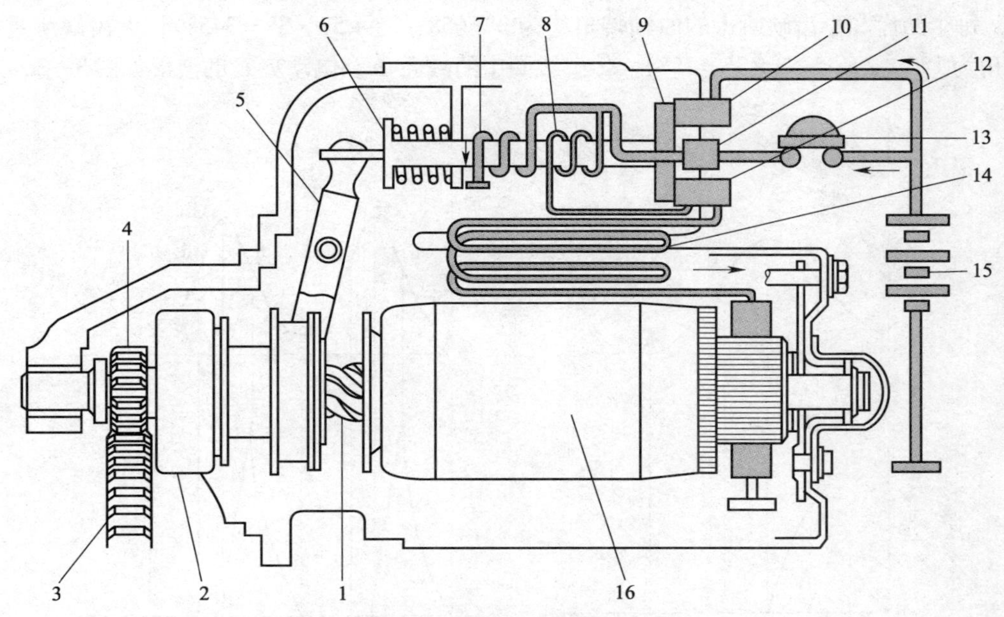

图 3—28　起动机线路示意图

1—螺纹花键　2—离合器　3—飞轮齿圈　4—驱动齿轮　5—拨叉　6—活动铁心
7—保持线圈　8—吸引线圈　9—接触片　10—端子 30　11—端子 50
12—端子 C　13—点火开关　14—励磁线圈　15—蓄电池　16—电枢

2）起动时。在两个主接线柱触点接通之后，蓄电池的电流直接通过主触点和接触片进入电动机，使电动机进入正常运转，此时通过吸引线圈的电路被短路。因此，吸引线圈中无电流通过，主触点接通的位置靠保持线圈来保持。

3）松开点火开关。发动机启动后，切断启动电路，保持线圈断电，在弹簧的作用下，活动铁心回位，切断了电动机的电路，同时也使驱动齿轮与飞轮齿圈脱离啮合。

4. *磁感应式曲轴位置传感器*

捷达 AT 和 GTX、桑塔纳 2000GSI 型轿车的磁感应式曲轴位置传感器安装在曲轴箱内靠近离合器一侧的缸体上，主要由信号发生器和信号转子组成，如图 3—29 所示。

信号发生器用螺钉固定在发动机缸体上，由永久磁铁、传感线圈和线束插头组成。传感线圈又称为信号线圈，永久磁铁上带有一个磁头，磁头正对安装在曲轴上的齿盘式信号转子，磁头与磁轭（导磁板）连接而构成导磁回路。

信号转子为齿盘式，在其圆周上均匀间隔地制作有 58 个凸齿、57 个小齿缺和一个大齿缺。大齿缺输出基准信号，对应发动机汽缸 1 或汽缸 4 压缩上止点前一定角度。大齿缺所占的弧度相当于两个凸齿和三个小齿缺所占的弧度。因为信号转子随曲轴一同旋转，曲轴旋转一周（360°），信号转子也旋转一周（360°），所以信号转子圆周上的凸齿和齿缺所占的曲轴转角为

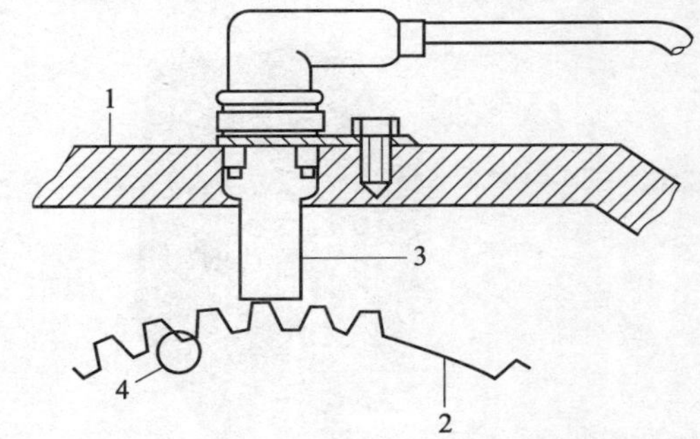

图 3—29　捷达轿车的曲轴位置传感器结构示意图

1—缸体　2—大齿缺　3—传感器磁头　4—信号转子

360°，每个凸齿和小齿缺所占的曲轴转角均为 3°（$58\times3°+57\times3°=345°$），大齿缺所占的曲轴转角为 15°（$2\times3°+3\times3°=15°$）。传感线圈中的磁通 Φ 和电动势 E 的波形如图 3—30 所示。

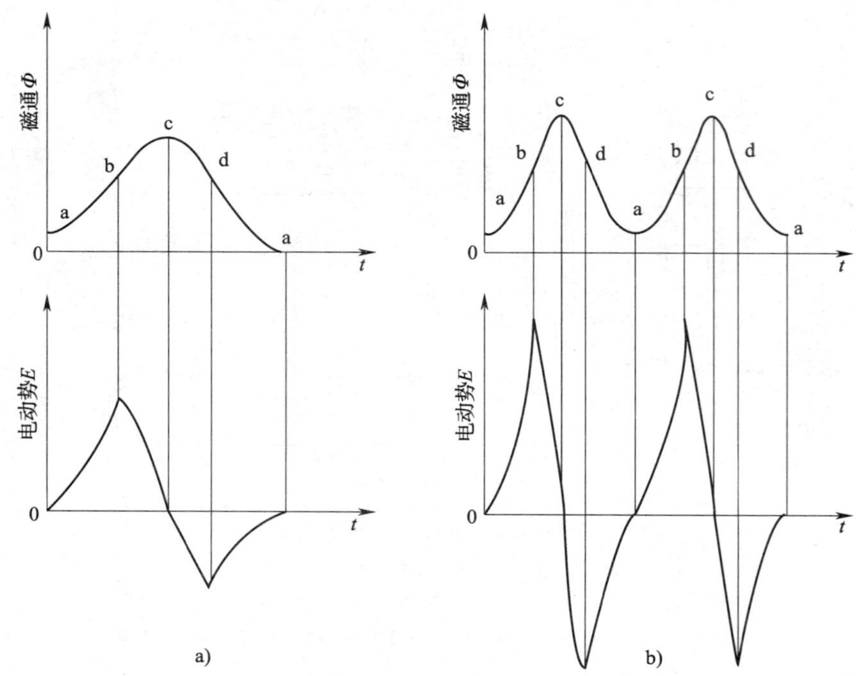

图 3—30　传感线圈中的磁通 Φ 和电动势 E 波形

a）低速时输出波形　b）高速时输出波形

捷达 AT 和 GTX、桑塔纳 2000GSI 型轿车磁感应式曲轴位置传感器信号转子上大齿缺产生的信号为基准信号，ECU 控制喷油时间和点火时间是以大齿缺产生的信号为基准进行控制的。当 ECU 接收到大齿缺产生的信号后，再根据小齿缺信号来控制点火时间、喷油时间和点火线圈一次电流接通时间（即导通角）。

技能训练

1. 汽车继电器的检测

（1）继电器（见图 3—31）触点的检修

图 3—31　继电器

1）检查两个触点的接触面积。两个电磁触点应同心，接触面积应不小于触点总面积的85%。

2）触点表面质量。触点表面应平整、光洁。如有轻微烧蚀，应用00号砂布（对折后使用）修磨；修磨后或触点表面有脏污时，应用清洁纸擦净表面。

（2）继电器导通与截止的检修

1）检查继电器线圈电阻。按如图3—32所示的线路图进行接线，用万用表电阻挡（如是指针式万用表，需选择合适的挡位）测试电阻值是否符合规定，过大或过小说明有断路或短路现象。

2）检查继电器触点导通电阻。按如图3—33所示的线路图进行接线，用万用表电阻挡（如是指针式万用表，需选择合适的挡位）测试电阻值是否很小，过大说明触点有烧蚀或脏污现象。

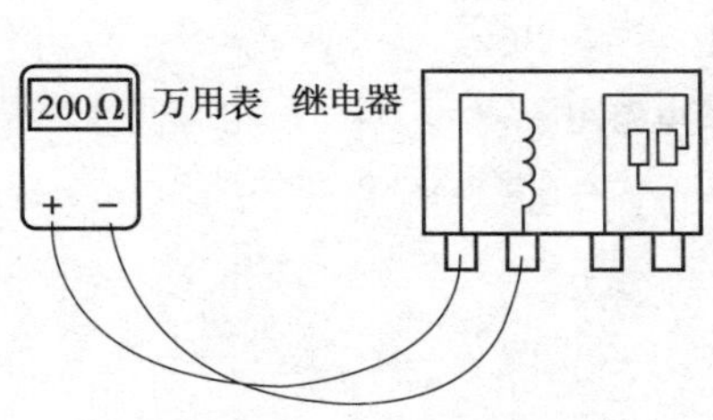

图3—32　检查继电器线圈电阻

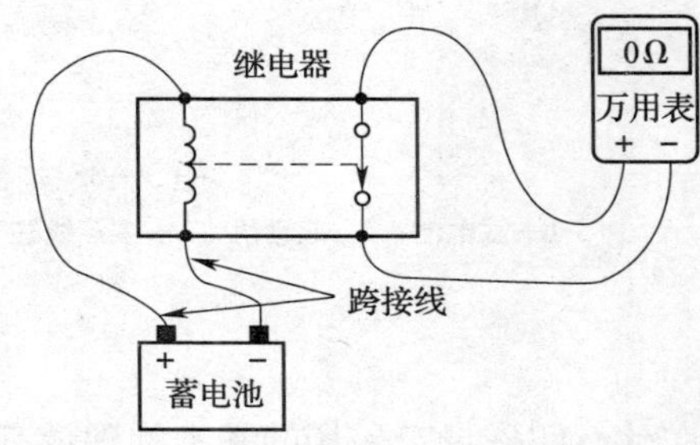

图3—33　检查继电器触点导通电阻

2．汽车起动机电磁开关的检测与吸合实验

（1）电磁开关检测

1）用万用表检查电磁开关吸引线圈电阻值。将万用表置于电阻挡，用两个表笔分别触及图3—34所示的接线柱3和壳体，要求所测吸引线圈电阻值应符合规定。

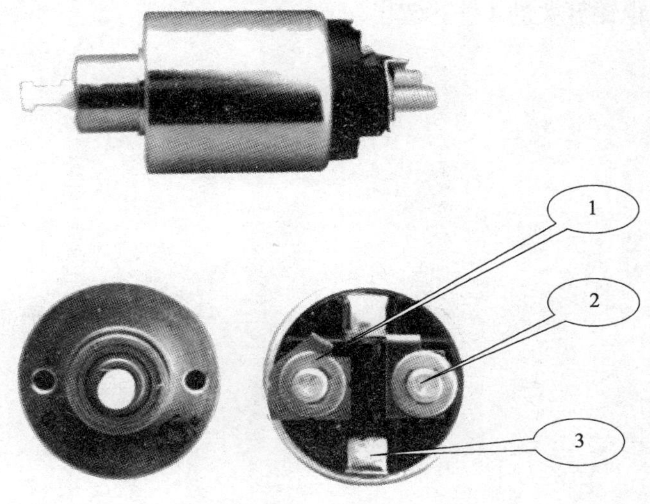

图3—34　电磁开关

1～3—接线柱

2）用万用表检查电磁开关保持线圈的电阻值。将万用表置于电阻挡，用两个表笔分别触及图 3—34 所示的接线柱 2 和 3，要求所测保持线圈电阻值应符合规定。

（2）吸合实验。按如图 3—35 所示进行接线；接通电源后，要求起动机小齿轮能伸出，起动机能旋转。

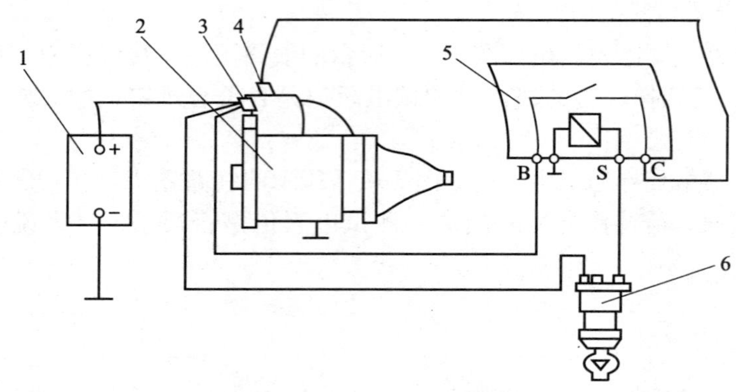

图 3—35　起动机吸合实验电路图

1—蓄电池　2—起动机　3—主接线柱　4—起动接线柱　5—起动继电器　6—点火开关

练习

1. 什么叫磁场？磁场的基本物理量有哪些？
2. 通电直导体、通电线圈磁场的方向由什么定则确定？试简述该定则的内容。
3. 电磁感应现象有何特点？
4. 互感有何特点？
5. 自感有何特点？
6. 电磁式继电器由哪些主要部分组成？常见形式有哪些？在汽车上有何应用？
7. 简述电喇叭的工作过程。
8. 简述起动机电磁开关的工作过程。

模块四　汽车电子技术应用

单元一　二极管的特性及检测

学习目标

1. 了解半导体和二极管的概念。
2. 掌握二极管的单向导电特性及分类。
3. 掌握二极管的检测方法。

一、半导体

导电能力介于导体和绝缘体之间的材料称为半导体。半导体是在某种条件下导电，而在其他条件下不导电的材料。半导体元件包括二极管、三极管、晶闸管等。制造半导体最常用的材料是硅晶体和锗晶体。晶体是具有确定的原子结构的材料，纯晶体不能用来制作半导体，需要在这两种晶体中掺杂极小比例的其他元素来制作半导体。硅晶体和锗晶体都是四价元素，掺入杂质后，导电性能就会发生明显变化。根据掺杂元素的不同，可以把半导体分为P型半导体和N型半导体。在晶体中掺入微量的五价磷元素，产生多余的自由电子充当导电载流子，而掺入磷元素杂质的半导体叫做N型半导体；在晶体中掺入微量的三价硼元素，因为缺少电子产生空穴，这些空穴充当导电的载流子，而掺入硼元素杂质的半导体叫做P型半导体。按一定次序将N型半导体和P型半导体结合在一起，便能制造出用于汽车电压调节和电子控制器等电子装置的电子元件。

如图4—1所示为硅晶体结构，如图4—2所示为锗和硅本征半导体中的自由电子和空穴。

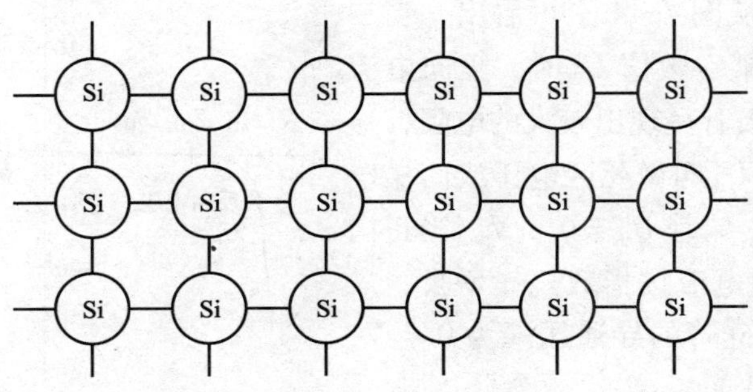

图4—1　硅晶体结构

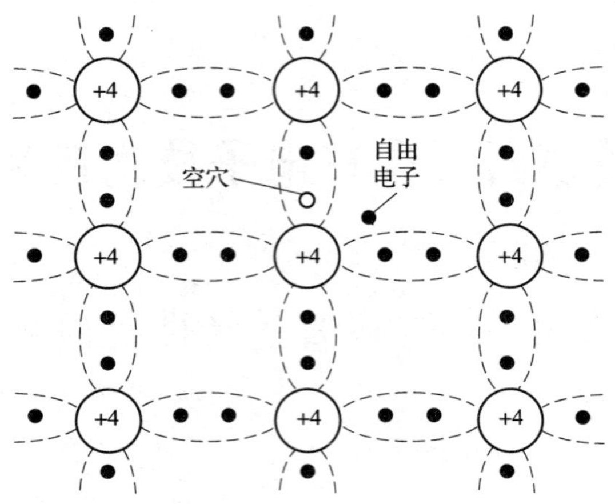

图 4—2　锗和硅本征半导体中的自由电子和空穴

二、二极管

当 P 型半导体和 N 型半导体结合在一起时，得到的 PN 结就是二极管（见图 4—3）。二极管按制造材料可分为硅二极管和锗二极管。

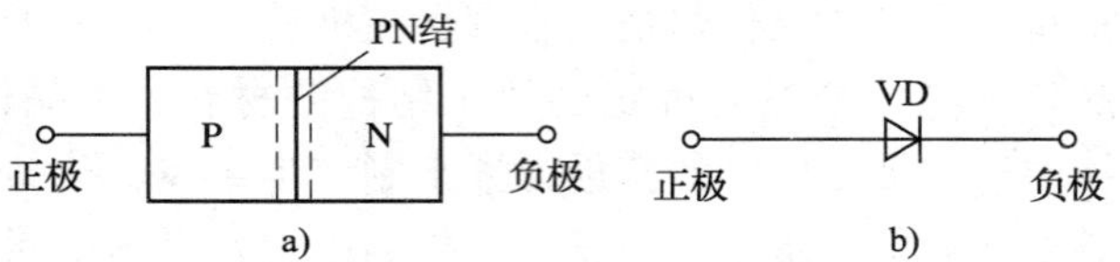

图 4—3　二极管的结构及其图形符号

a）结构　b）图形符号

二极管可以看做电流的单向止回阀，它只允许电流以一个方向流动，即从二极管的正极流向负极。这就是二极管的单向导电性。

1. 二极管的伏安特性

流过二极管的电流随着加在二极管上的电压变化而变化的性质称为二极管的伏安特性。如图 4—4 所示为二极管的伏安特性曲线。

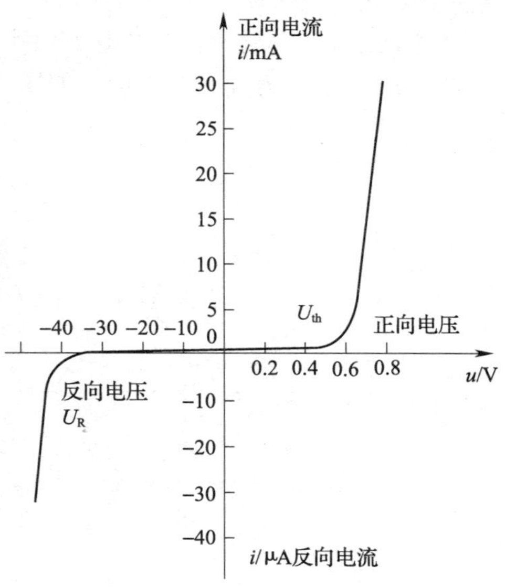

图 4—4　二极管的伏安特性曲线

（1）正向特性。从图 4—4 上可看出，当二极管上正向电压小于某一数值 U_{th} 时，正向电流很小，几乎为零，二极管呈现出较大的电阻，这段区域称为“死区”。U_{th} 叫做死区电压或门槛电压。硅管 $U_{th}=0.5$ V，锗管 $U_{th}=0.1$ V。当正向电压超过 U_{th} 后，正向电流按指数规律增长，二极管处于导通状态。硅管的导通压降为 0.7 V，锗管的导通压降为 0.3 V。

（2）反向特性。当二极管被加上反向电压时，流过二极管的电流很小，称为反向饱和电流

I_s，硅管 I_s为小于0.1 μA，锗管 I_s为几十微安。

（3）反向击穿特性。当反向电压增加到某个数值 U_R时，流过二极管的反向电流将急剧增大，这种现象叫反向击穿。U_R叫反向击穿电压。使用二极管时，应避免反向电压超过击穿电压，以防止二极管损坏。

2. 二极管的主要参数

（1）最大电流 I_F。最大电流是指二极管长期运行时，允许通过的最大正向平均电流。实际使用时的工作电流应小于 I_F，如果超过此值，将引起 PN 结过热而烧坏。

（2）最高反向电压 U_{RM}。最高反向电压是指二极管工作时两端所允许加的最大反向电压。通常 U_{RM}约为反向击穿电压 U_R的一半，以保证二极管安全工作，防止击穿。

三、特殊二极管及其在汽车上的应用

除了普通二极管外，还有专供特殊用途的二极管，如稳压二极管、发光二极管和光电二极管等。

1. 稳压二极管

稳压二极管是一种经过特殊工艺制造成的二极管，它与电阻配合使用，具有稳定电压的功能。普通二极管加上反向电压不导通，可是当反向电压达到一定程度（大于 U_R）时二极管会反向击穿，普通二极管就会烧毁。但是经过特殊工艺制造的稳压二极管就能够耐得住反向电流。稳压二极管的外形与普通二极管区别不大，其图形符号及其伏安特性如图 4—5 所示。

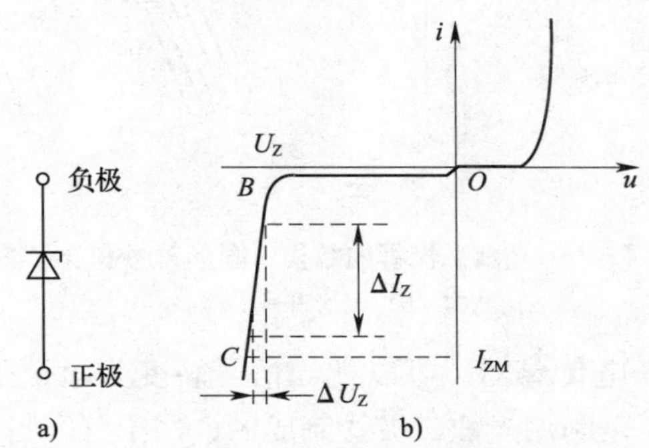

图 4—5　稳压二极管的图形符号及其伏安特性曲线

a）图形符号　b）伏安特性曲线

稳压二极管设计成能工作在击穿区（*BC* 段），当反向电压达到 U_Z时，大电流反向流过稳压二极管，阻止电压继续升高。这种特性使稳压二极管成为调节电压的电子器件。

提示：

稳压二极管在正常工作时必须与一个电阻串联，这个电阻提供了稳压二极管的稳定工作电流。这个电阻的阻值根据稳压二极管的参数而有一个取值范围。稳压二极管在工作时一定是正极接低电位，负极接高电位。

2. 发光二极管

发光二极管（简称 LED）是采用砷（As）、镓（Ga）、磷（P）材料合成而制作的二极管，内部基本单元仍是一个 PN 结。当外加正向电压时，向外发光，其亮度随流过的电流增大而提高，发光的颜色和构成 PN 结的材料有关，通常有红、黄、绿、蓝和紫等颜色，还有发出不可见的红外线的发光二极管。发光二极管的外形及图形符号如图 4—6 所示。

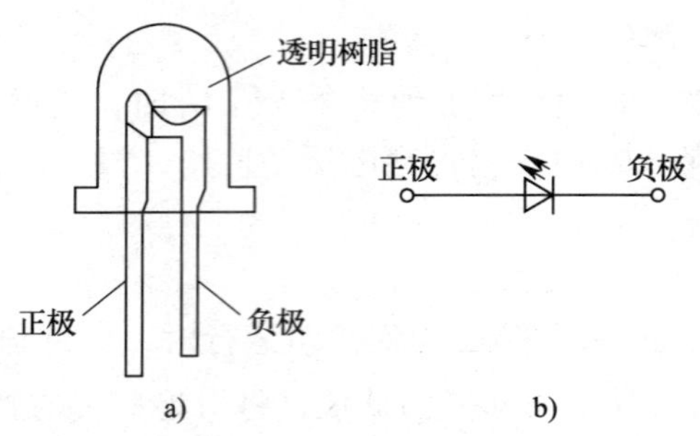

图 4—6　发光二极管的外形及图形符号

a）外形　b）图形符号

3．光敏二极管

当光线照射在 PN 结上时，二极管的反向电流增加，其大小与光的照度成正比，利用这个特性制成的二极管就是光敏二极管。光敏二极管的结构、图形符号和外形如图 4—7 所示。

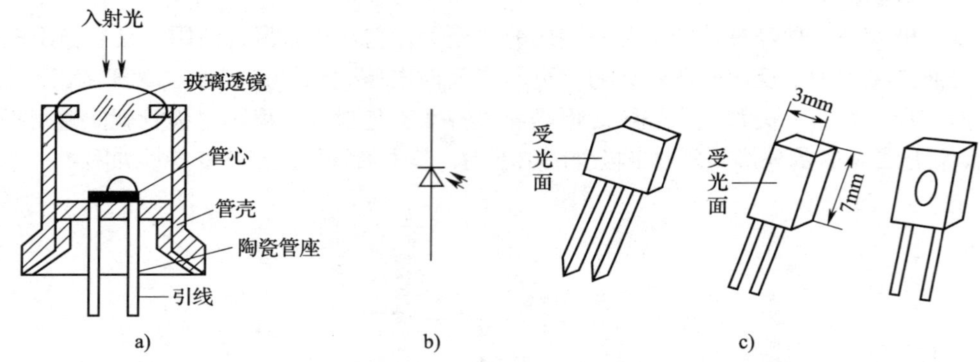

图 4—7　光敏二极管的结构、图形符号和外形图

a）结构　b）图形符号　c）外形

利用光敏二极管制成光电传感器，可以把光信号转变为电信号，以便控制其他电子器件。汽车上的许多传感器就是利用光敏二极管制成的，用于汽车自动空调系统的日照强度传感器就是一个光敏二极管。

技能训练——二极管的检测

1．用万用表检测普通二极管的极性并判断好坏

一般情况下，二极管都有一定的标注，塑料封装二极管带标记环的一侧是负极，国产二极管带色点的一端为正极。

对于无标记的二极管，可以用指针式万用表电阻挡来判断二极管的正、负极和好坏。

（1）根据二极管正向电阻小、反向电阻大的特点，将万用表拨到 R×1 k 挡（不能用 R×1和 R×10 k 挡，R×1 挡电流太大，可能烧坏二极管；R×10 k 挡电压太高，可能击穿二极管）。

（2）用表笔分别与二极管的两极相接，测出两个电阻值。所测得阻值较小的一次，与黑表笔相接的一端为二极管正极。同理，所测得电阻值较大的一次，与黑表笔相接的是二极管负极。

想一想

上述内容叙述的是使用指针式万用表的检测方法，如果用数字式万用表，表笔情况正好相反，即在所测得阻值较小的一次，与黑表笔相接的一端为二极管负极。同理，所测得电阻值较大的一次，与黑表笔相接的是二极管正极。

如果测得的正、反向电阻值均很小，说明二极管内部短路；若正、反向电阻值均很大，说明二极管内部开路。在这两种情况下，二极管就不能使用了。以上是普通二极管的检测方法，汽车交流发电机上的整流二极管就可以按照上述方法进行检测。

2. 特殊二极管的检测

对于特殊二极管，用上述方法检测有时不是很方便，下面以发光二极管为例，给出相应的检测方法。对于发光二极管，在用万用表检测时正反向电阻值相差很小，不易区分，可以用如图4—8所示的方法，自制一根测试线，连接到发光二极管上，直接检测其是否发光。

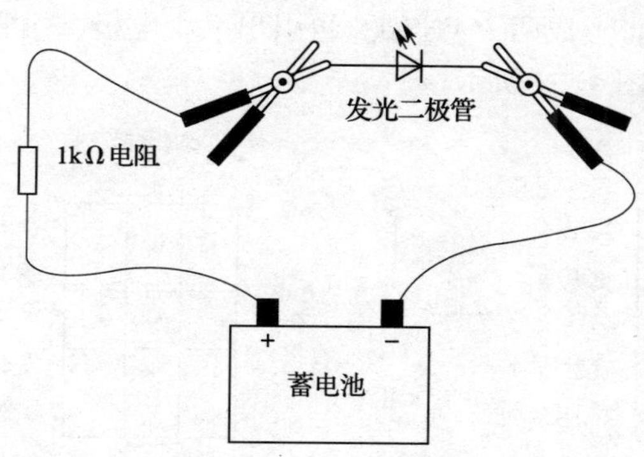

图4—8　发光二极管检测电路

练习

1. PN结在________时导通，________时截止，这种特性称为________________。

2. 本征半导体掺入微量的五价元素，则形成________型半导体。

3. 构成稳压二极管稳压电路时，与稳压二极管串接适当数值的________________方能实现稳压。

4. 发光二极管能将________信号转换为________信号。

5. 光敏二极管能将________信号转换为________信号。

6. 下面A表示________二极管，B表示________二极管，C表示________二极管，D表示________二极管。

A. 本　　B. 本　　C. 本　　D. 本

7. 欲使二极管具有良好的单向导电性，二极管的正向电阻和反向电阻是大一些好，还是小一些好？

单元二　三　极　管

学习目标

1. 了解三极管的概念及基本参数。
2. 熟悉三极管的三种工作状态及分类。
3. 掌握三极管的检测方法。
4. 了解光敏三极管、晶闸管的概念。
5. 熟悉光敏三极管、晶闸管的工作特点及应用。

一、晶体三极管

1. 三极管的基本概念

半导体三极管也称为晶体三极管。它是由两个相距很近的 PN 结组成的，是在一块半导体晶片上制造三个掺杂区，形成两个 PN 结，再引出三个电极，用管壳封装而成。三极管的结构示意图和图形符号如图 4—9 所示。

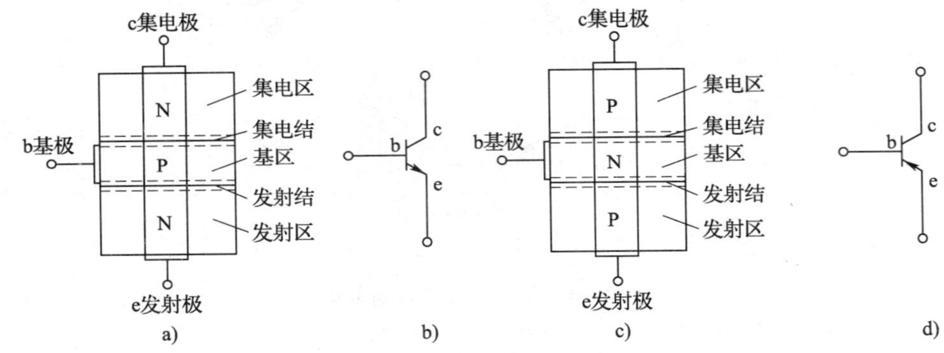

图 4—9　三极管的结构示意图和图形符号

a）NPN 型三极管的结构　b）NPN 型三极管的图形符号　c）PNP 型三极管的结构　d）PNP 型三极管的图形符号

提示：

NPN 型三极管与 PNP 型三极管不能互相代替。三极管并不是两个 PN 结的简单组合，不能用两个二极管代替。

三极管的三个极分别为发射极 e、集电极 c、基极 b。三极管的基本功能就是利用基极电流控制集电极和发射极之间的电流。三极管可以看做一个电流的控制阀，集电极和发射极是电流的通路，而基极就是控制这个电流的阀门，只不过这个阀门不是靠旋转来改变通路的大小，而是靠本身流过的电流——基极电流来控制集电极和发射极之间流过电流的大小。三极管符号中的箭头就表示了两种不同类型的三极管集电极和发射极之间电流的方向。NPN 型三极管电流从集电极 c 流向发射极 e，PNP 型三极管电流从发射极 e 流向集电极 c。

2. 三极管的基本参数

三极管的性能可以用参数来进行描述，三极管参数是工程实践中选用三极管的主要依据，各种参数均可在三极管手册中查到。

（1）电流放大倍数 β。三极管在有输入信号的情况下，输出信号的电流变化与输入信号的电流变化之比，称为电流放大倍数，也就是一般简称的三极管放大倍数。电流放大倍数决定了三极管的基本放大能力。

提示：

三极管在不同的集电极电流下，电流放大倍数会有所不同，但在实际使用中可认为近似不变。工程中提到的放大倍数均是指β，但是在讨论输入信号的电压变化时，也可以用β作为近似的电压放大倍数。

（2）穿透电流I_{CEO}。当基极 b 开路时，集电极 c、发射极 e 之间加上一定电压时，集电极 c 与发射极 e 之间并不是没有电流流过，只是流过的电流很小，称为穿透电流I_{CEO}。三极管的穿透电流越小，管子的质量越好。

（3）极限参数。使三极管得到充分利用而又安全可靠工作的参数，叫做极限参数。

1）集电极最大允许电流I_{CM}。集电极电流的上升会引起电流放大倍数的下降，通常将β值下降到正常值的三分之二时所对应的集电极电流称为集电极最大允许电流I_{CM}。I_C超过I_{CM}时，三极管不一定损坏，但放大能力会下降。

2）集电极最大允许耗散功率P_{CM}。集电极耗散功率是指集电极流过的电流与加载的电压的乘积。当集电极耗散功率上升时，三极管发热，温度上升，三极管性能下降，甚至损坏。P_{CM}是指集电结温度不超过允许值（手册上有规定）时，集电极所允许的最大功耗。

对于一个三极管，P_{CM}是一个常量。因此，当三极管集电极电流I_C增大时，必须将输出电压减小。

3）反向击穿电压。三极管工作时，加在任何两个电极之间的反向电压超过一定值时，都会产生很大的电流，从而导致三极管损坏。$U_{(BR)CEO}$是指基极开路时，集电极与发射极之间的击穿电压值。除此之外，还有$U_{(BR)EBO}$、$U_{(RR)CBO}$等，均可在手册中查出。

二、三极管的三种工作状态

根据三极管连接的外部电路条件不同，三极管有三种工作状态。

1．截止

当 NPN 型三极管连接成如图 4—10a 所示电路时，基极 b 与发射极 e 之间的电位差小于 0.7 V（死区电压），这种情况称为基极加了反向偏压。在这种状态下，三极管不导通，没有电流流动，称为三极管的截止状态。如果把集电极 c 与发射极 e 看做一个开关的两端，截止状态相当于开关断开。

对于 PNP 型三极管，发射极 e 与基极 b 电位差小于 0.7 V，如图 4—10b 所示，基极加了反向偏压，PNP 三极管截止（以上为硅管，如果是锗管，电压应小于 0.3 V）。

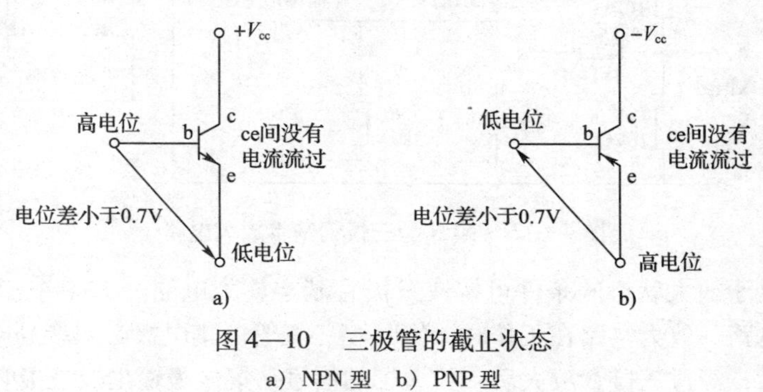

图 4—10　三极管的截止状态

a）NPN 型　b）PNP 型

2. 放大

如图 4—11a 所示，当 NPN 型三极管的基极 b 与发射极 e 之间的电位差大于 0.7 V，这种情况称为基极加了正向偏压。在这种状态下，三极管导通，集电极 c 向发射极 e 有电流，而且流过的电流的大小与基极 b 流入的电流成正比，称为三极管的放大状态。

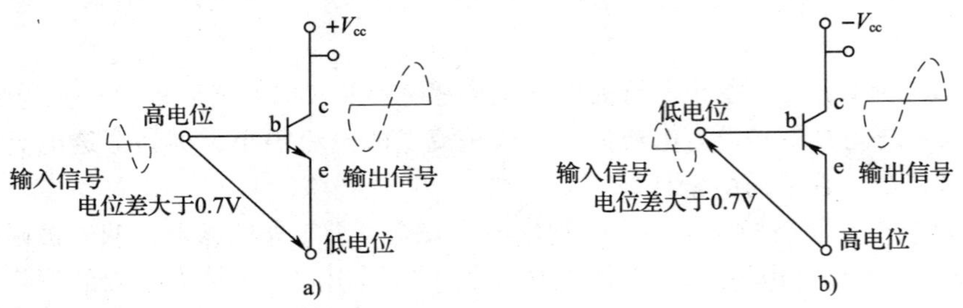

图 4—11　三极管的放大状态

a）NPN 型　b）PNP 型

对于 PNP 型三极管，放大状态的条件是基极 b 的电位比发射极 e 的电位低 0.7 V 以上。如图 4—11b 所示（以上为硅管，如果是锗管，电压应大于 0.3 V）。

3. 饱和

在放大状态，三极管集电极 c 与发射极 e 之间的电流是随着基极 b 的电流增大而增大的。但是，当三极管的基极电流增加到一定值时，再增大正向偏压，加大基极电流，集电极 c 与发射极 e 之间的电流维持在一个最大值而不再增大了，这种状态称为三极管的饱和状态。在饱和状态，三极管集电极 c 与发射极 e 之间电位差很小，几乎为零，相当于一个开关的两端闭合。在分析汽车电路中，如果遇到三极管饱和的状态，可认为集电极 c 与发射极 e 电位相等。

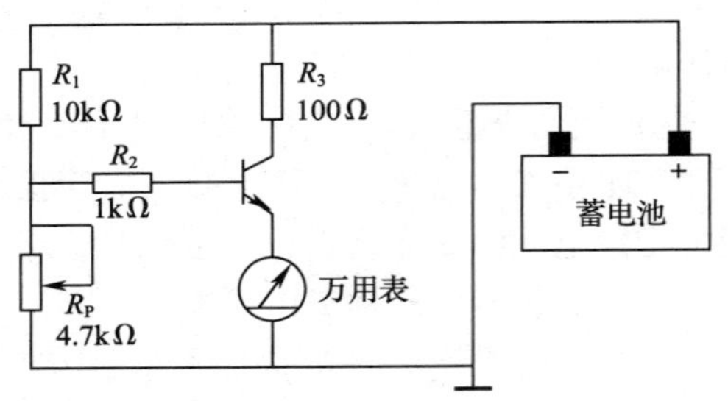

图 4—12　三极管工作状态实验电路

如图 4—12 所示为一个三极管工作状态的实验电路。

三、三极管放大电路在汽车电子电路中的应用

1. 三极管的基本放大电路

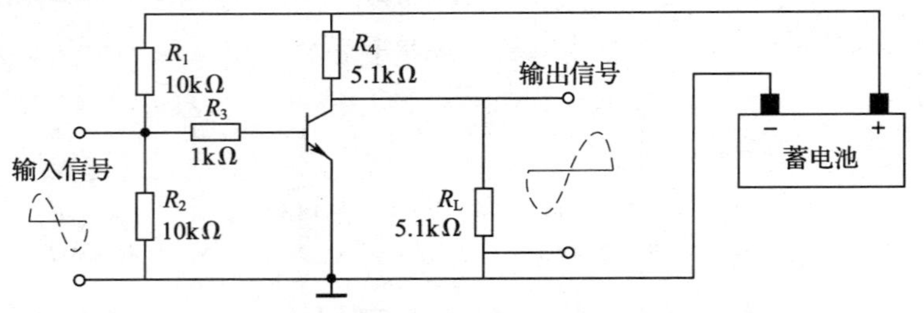

图 4—13　NPN 型三极管基本放大电路

按照三极管处于放大状态的条件可构成三极管基本放大电路。如图 4—13 所示为 NPN 型三极管基本放大电路。放大电路在工作时，NPN 型三极管的集电极必须接高电位。需要被放大的信号从基极输入，经过三极管放大后，放大了的信号从集电极输出。三极管的放大电路能够

将从传感器输出的微弱信号进行放大，然后传输到汽车电控单元（ECU）。另外，对于控制电路，三极管放大电路可以将功率较小的控制信号放大成功率较大的信号，用以驱动附件。

学与用

用信号发生器产生如图 4—14a 所示的电压波形，输入到图 4—13 电路中的基极，在集电极就会得到如图 4—14b 所示的电压波形。用示波器观察对比输入、输出波形。

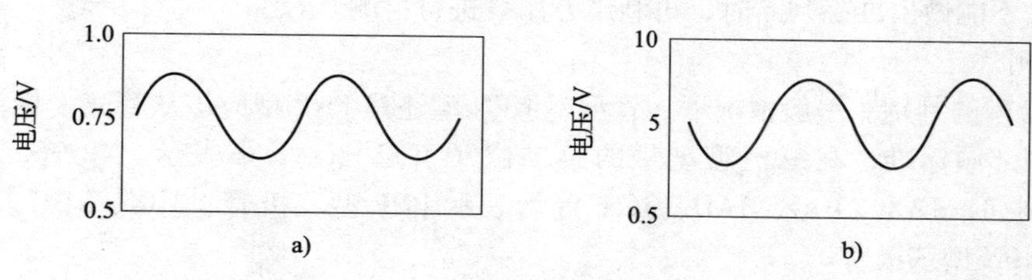

图 4—14　电压波形

a）基极电压　b）集电极电压

2. NPN 三极管开关电路

当三极管在基极电流控制下，在截止与饱和两种状态交替变换，就如同一个开关的断开与闭合状态交替变换一样。如图 4—15 所示为 NPN 型三极管的开关状态。当基极 b 输入一个高电位控制信号时，三极管 VT 进入饱和导通状态，集电极 c 与发射极 e 之间的电位差几乎为零，相当于集电极 c 与发射极 e 之间闭合。当基极 b 高电位控制信号撤离后，三极管 VT 进入截止状态，集电极 c 与发射极 e 之间几乎没有电流流过，相当于集电极 c 与发射极 e 之间断开。利用三极管的这种特性，就构成了三极管的开关电路。在图4—15 中，R_b是基极限流电阻，以防止基极电流过大。R_c是集电极电阻，在本电路中的作用是防止三极管饱和时，电源短路。在实际开关电路中，R_c的位置由被控电子元件取代。

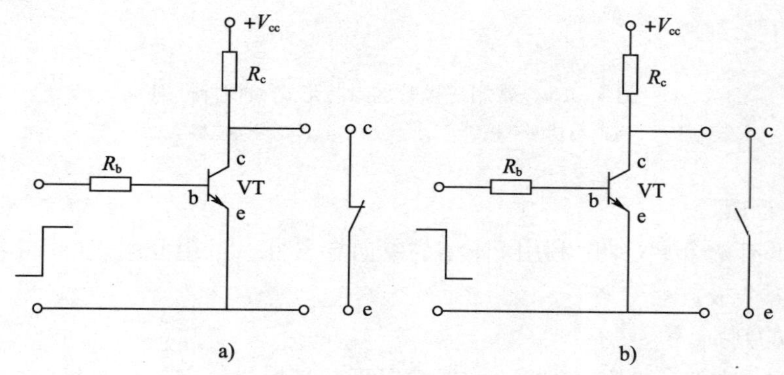

图 4—15　NPN 三极管的开关状态

a）VT 进入饱和导通状态　b）VT 进入截止状态

工程实践中，一些三极管经过特殊工艺制造，只需要很小的基极电流就能够达到饱和导通状态。这种三极管几乎就只工作在截止和饱和导通两种状态，即开关状态。一般将经常工作在开关状态，起开关作用的三极管叫做开关管。

提示：

在开关管控制的继电器或喷油器等线圈结构的电子元件旁边一定要并联一个续流二极管。

技能训练——三极管管型和管脚极性的判别

在实际工作中，经常遇到要判别三极管管型、管脚极性问题，以及检测判断三极管是否损坏的问题。判定的方法主要有目测和万用表检测两种方法，实际工作中经常采用目测法，在用目测法不能做出准确判断时，再利用万用表进行检测。

1. 目测法

（1）管型的判别。一般情况下，管型是 NPN 型还是 PNP 型应该从管壳上标注的型号来判别。依照部颁标准，在三极管型号的第二位（字母），A、C 表示 PNP 管，B、D 表示 NPN 管。例如，3AX、3CG、3AD、3CA 等均表示 PNP 型三极管。3BX、3DG、3DD、3DA 等均表示 NPN 型三极管。

提示：

三极管型号中的第一位数字 3，表示三极管；第三位字母表示三极管的功率及频率特性；第四位数字表示序列号。详细内容请参考三极管手册。

（2）管脚极性的判别。常用的小功率三极管有金属圆壳封装和塑料封装（半圆柱形）等，管脚排列如图 4—16a 所示。大功率三极管的外形有金属壳封装（扁柱形）以及塑料封装（扁平、管脚直列）等形式，管脚排列如图 4—16b 所示。

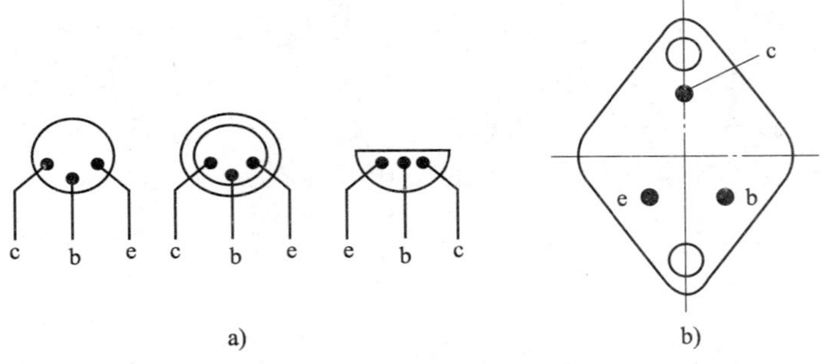

图 4—16　常用三极管的封装形式和管脚排列

a）小功率三极管　b）大功率金属壳封装三极管

2. 万用表检测

三极管内部有两个 PN 结，利用 PN 结的单向导电性，可用万用表电阻挡判别三极管类型和 e、b、c 三个极。

（1）基极的判别

1）判别管脚时应首先确认基极。一般情况下，基极排列在三个电极的中间（大功率金属壳扁平形封装除外）。

2）用指针式万用表的黑表笔接假定的基极，用红表笔分别接触另外两个极。若测得电阻都较小，约为几百欧至几千欧；将红黑表笔对调，测得电阻都较大，约为几百千欧以上，这个三极管就是 NPN 管，最初黑表笔接的就是基极。

3）用指针式万用表的黑表笔接假定的基极，用红表笔分别接触另外两个极。若测得电阻都较大，约为几百千欧以上；将红黑表笔对调，测得电阻都较小，约为几百欧至几千欧。这个三极管就是 PNP 管。最初黑表笔接的就是基极。

（2）集电极和发射极的判别

1）对于 NPN 型三极管，确定基极后，用指针式万用表的两个表笔分别接触另两个管脚，同时用指尖轻触基极，观察万用表指针摆动情况；将两个表笔对调，重复上述过程。取指针摆动较大一次的表笔接触位置，黑表笔接触的是集电极 c，红表笔接触的是发射极 e。

2）对于 PNP 型三极管，确定基极后，用指针式万用表的两个表笔分别接触另两个管脚，同时用指尖轻触基极，观察万用表指针摆动情况；将两个表笔对调，重复上述过程。取指针摆动较大一次的表笔接触位置，黑表笔接触的是发射极 e，红表笔接触的是集电极 c。

3．三极管好坏的判断

（1）测得三极管正向阻值很大时（对于 PNP 型三极管，红表笔接基极，黑表笔分别接发射极和集电极，所测的电阻为正向电阻；对于 NPN 型三极管，黑表笔接基极，红表笔分别按发射极和集电极，所测的电阻为正向电阻），表明三极管开路，如反向电阻值很小（对于 PNP 型三极管，黑表笔接基极，红表笔分别接发射极和集电极，所测的电阻为反向电阻；对于 NPN 型三极管，红表笔接基极，黑表笔分别接发射极和集电极，所测的电阻为反向电阻），或集电极 c 与发射极 e 之间的电阻值接近于零，说明三极管短路或已击穿。

（2）如果集电极 c 与发射极 e 间的电阻值很小，则表明三极管的穿透电流过大，已不能使用。也可以通过测量三极管的直流电压来判断管子的好坏，短接基极与发射极，如集电极电压不变或低于电源电压，表示三极管漏电或已击穿，检测 NPN 型硅管放大器的直流状态时，可以测 U_e、U_c、U_b。U_b 应比 U_e 高约 0.7 V，即 U_{be} 约为 0.7 V，这可作为判断三极管好坏的依据。

但上述测量是用指针式万用表在三极管的空脚上进行的，如果三极管是焊在电路上，就要考虑并联处电路的影响，不能仅以电阻值来判断三极管的好坏。

四、特殊晶体管

除常用的二极管、三极管外，汽车电子电路中还有一些其他形式的晶体管，如光敏三极管、晶闸管、场效应管等。

1．光敏三极管

光敏三极管在原理上类似于三极管，只是它的集电极为光敏二极管结构。它的等效电路和图形符号如图 4—17 所示。

光敏三极管的基本应用电路如图 4—18 所示。A 点电位随着外界光线的照射而发生变化。光敏三极管在汽车上主要应用于传感器中。

2．晶闸管

晶闸管也叫可控硅，从外观上看与三极管没有什么区别，是一种仅有开关功能（导通或阻断）的硅半导体元件，其结构示意图和图形符号如图 4—19 所示。晶闸管有三个电极：阳极 A、阴极 K 和控制极 G。它也属于电流控制元件，当控制极 G 与阴极 K 之间有控制电流流过时，阳极 A 和阴极 K 之间呈导通状态。导通后，即使断开控制电流，晶闸管还是处于导通状态。这时要想使其恢复到截止状态，就要利用其他开关断开阳极电流，或者使阳极 A 和阴极 K 之间的电压变为零。图中箭头所示为电流方向。利用晶闸管，可以用很小的控制电流控制很大的阳极电流，所以它的工作情况与继电器很类似。

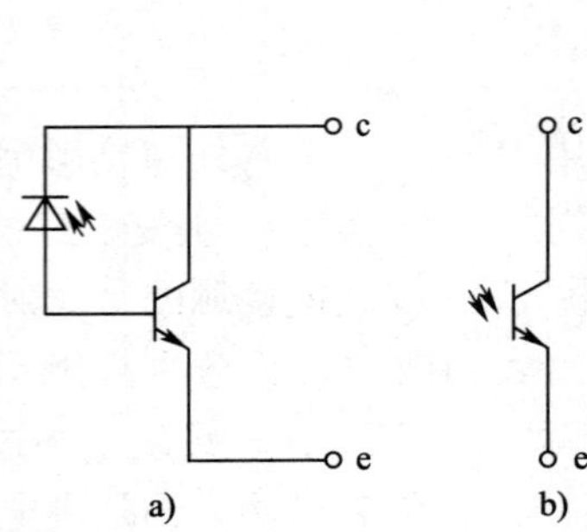

图 4—17　光敏三极管的等效电路及图形符号

a）等效电路　b）图形符号

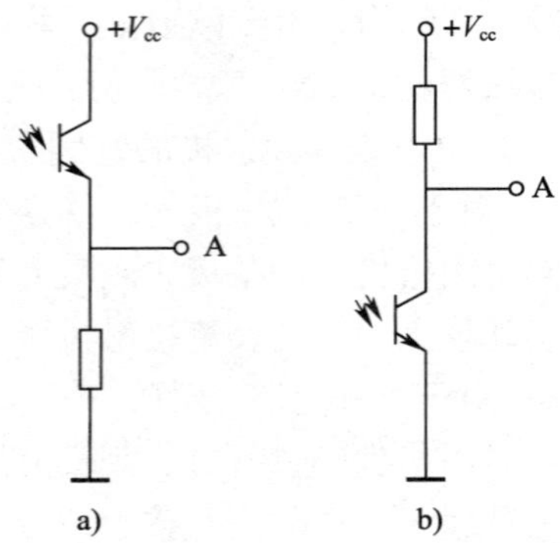

图 4—18　光敏三极管的基本应用电路

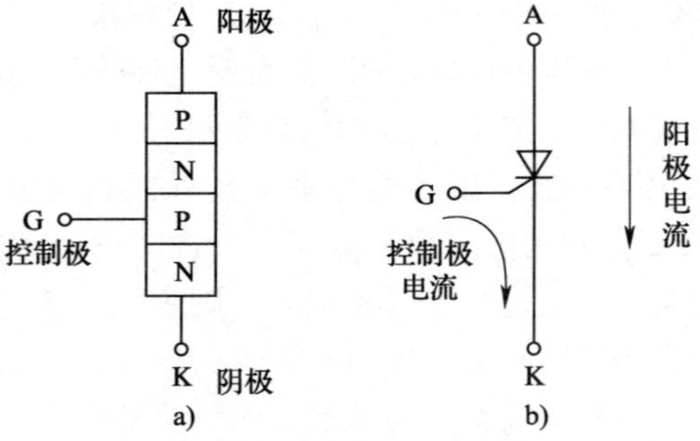

图 4—19　晶闸管的结构示意图和图形符号

a）结构示意图　b）图形符号

练习

1．测得某电路中几个三极管的各极电位如图 4—20 所示，试判断各三极管分别工作在截止区、放大区还是饱和区？

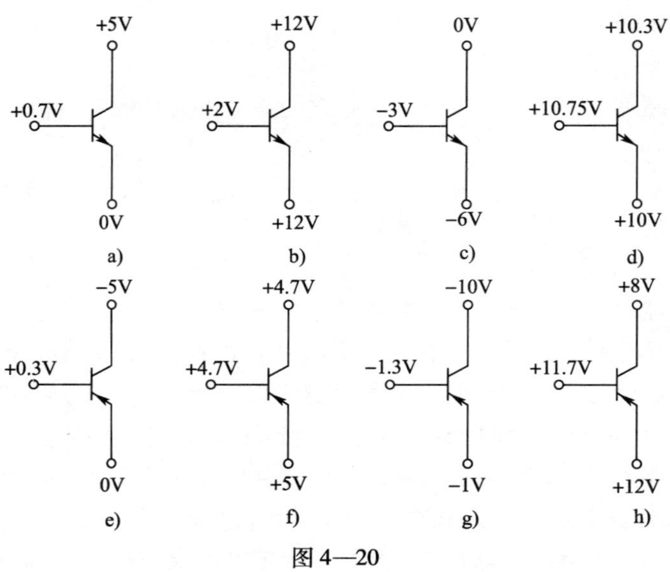

图 4—20

2. 分别测得两个放大电路中三极管的各极电位如图 4—21 所示，试识别它们的管脚，分别标上 e、b、c，并判断这两个三极管是 NPN 型还是 PNP 型，是硅管还是锗管。

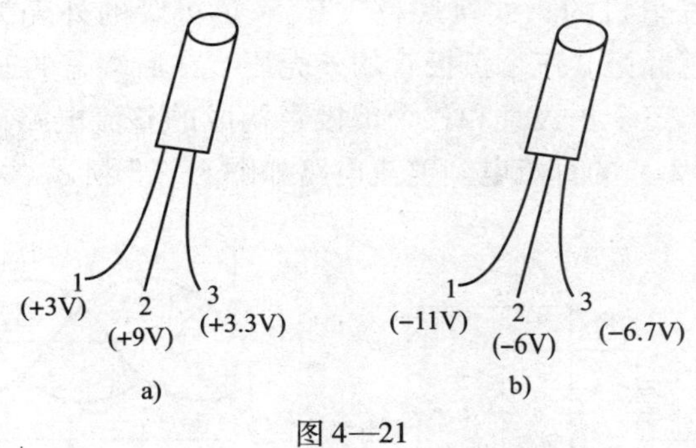

图 4—21

单元三　半导体元件在汽车上的应用

学习目标

1. 掌握二极管的整流电路、续流电路。
2. 了解稳压二极管、发光二极管、光敏二极管的应用。
3. 掌握半导体三极管的开关特性在电压调节器、电子点火器及报警电路中的应用。
4. 熟悉光敏三极管在曲轴位置传感器、车速传感器等元件中的应用。

一、二极管在汽车上的应用

利用二极管的单向导电性，可以组成整流、续流、限幅及检波等电路，应用到汽车电路中。

1. 二极管的整流电路

将交流电变成直流电的过程叫做整流。在汽车交流发电机中，就是利用二极管组成的整流板将发电机发出的三相交流电整流为直流电。

为了适应汽车发电机的需要，专门制作了用于汽车的整流二极管，如图 4—22 所示。正

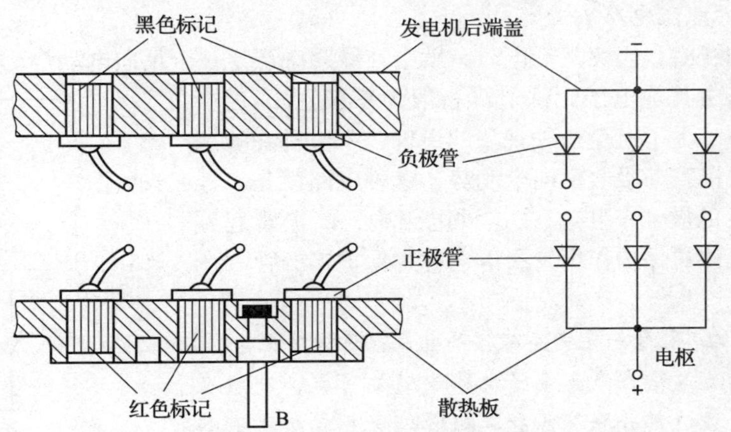

图 4—22　汽车交流发电机整流二极管的安装示意图

极管的外壳为负极，引出极为正极。在负极搭铁的硅整流发电机中，三个正极管的外壳压装在散热板的三个座孔内，共同组成发电机的正极，由一个与发电机后端盖绝缘的整流板固定螺栓通至机壳外，作为发电机的火线接线柱“B”。负极管的外壳为正极，引出极为负极，在管壳底上一般标有黑色标记。三个负极管的外壳压装在后端盖的三个孔内，和发电机外壳一起成为发电机的负极。三个正极管和三个负极管构成的整流电路称为三相桥式整流电路，将发电机的交流电变为 12 V 的直流电。整流电路如图 4—23 所示。

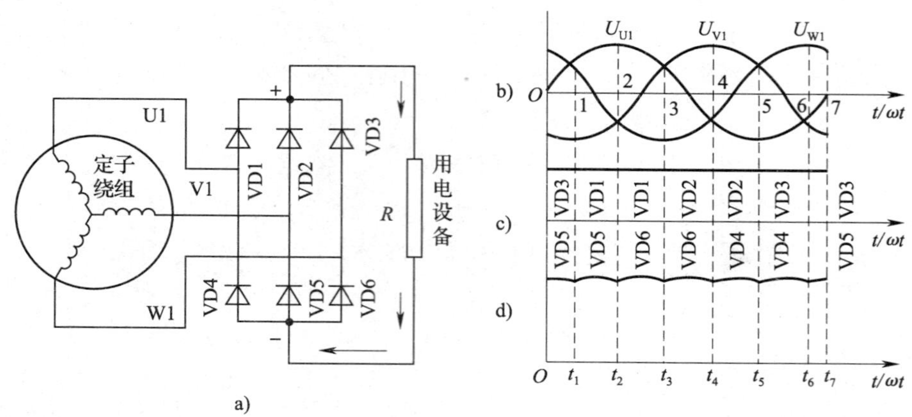

图 4—23　汽车交流发电机的整流电路和电压波形

a）整流电流　b）三相交流电波形　c）某瞬间导通的二极管　d）整流后负载上的电压波形

提示：

在整流电路中，三个正极管的正极引出线分别与三相绕组的首端相连。在某一瞬间，只有与电位最高的一相绕组相连的正极管导通。同样，三个负极管的引出线也分别同三相绕组的首端相连。在某一瞬间，只有与电位最低的一相绕组相连的负极管导通。

汽车交流发电机故障经常是由整流二极管的损坏引起的。

想一想

如果汽车交流发电机的整流板中有二极管损坏，会出现什么现象？

2．二极管的续流电路

一个通电的线圈，当突然断电时，就会在线圈中产生一个反向电动势，如果这个反向电动势叠加在电路中其他电子元件上（一般为三极管），就会引起元件的损坏。为了避免这种现象的出现，一般都在线圈旁边并联一个二极管来吸收反向电动势，这种电路就是二极管的续流电路（见图 4—24）。在这种电路中，二极管起到了对其他电子元件的保护作用，所以也称为保护二极管。

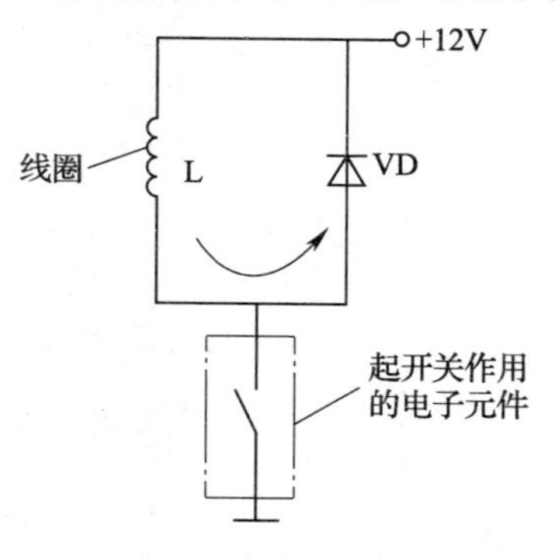

图 4—24　二极管的续流电路

提示：

与线圈并联的二极管一定是负极接高电位，正极接低电位。

二极管的续流电路在汽车电子电路中随处可见，一般在继电器、线圈等旁边都并联有保护二极管。保护二极管有些装在器件外部，有些装在器件内部，线圈的旁边。

二极管的限幅电路是利用二极管在导通后正向压降为0.7 V的特性，使得二极管两端的电压维持在0.7 V，以达到限制电压幅度的目的；二极管的检波电路主要应用在汽车音响电路中。二极管的这两种应用将在以后结合具体电路进行分析。

二、特殊二极管在汽车上的应用

1. 稳压二极管的应用

在汽车电路中，由于各个电器总成或元件工作电流比较大，会使汽车电源系统的电压出现波动。

在汽车的仪表电路和一部分电子控制电路中，一些需要精确电压值的地方经常利用稳压二极管来获取所需电压。如图4—25b所示，是利用稳压二极管为汽车仪表提供稳定电源的电路，图中的稳压二极管与电阻串联，而与仪表并联。如果仪表电压必须限定在7 V，便可使用额定电压为7 V的稳压二极管。汽车电源电压一部分降落在电阻上，7 V电压降落在稳压二极管上。即使电源电压发生变化，也只是引起不同大小的电流流过电阻和稳压二极管，改变降落在电阻上的电压，而稳压二极管始终维持7 V电压不变。

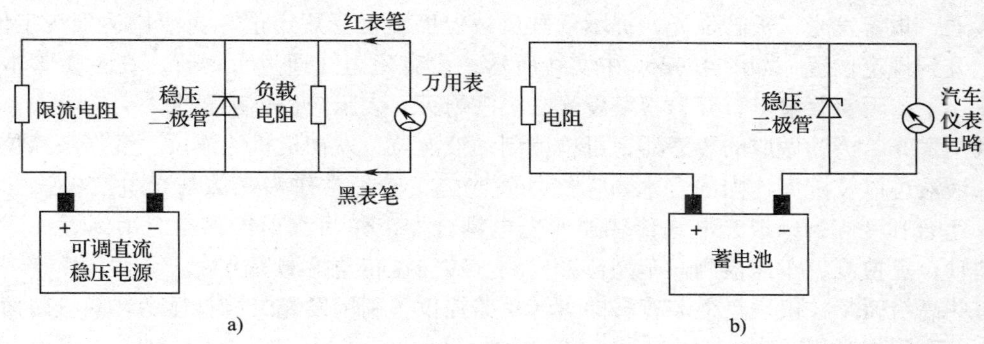

图4—25　稳压二极管的实验及在汽车上的应用

a）稳压二极管稳压作用实验电路　b）简化汽车仪表稳压电路

提示：

稳压二极管达到反向导通的电压也称为齐纳（Zener）电压，所以稳压二极管也被称为齐纳二极管。

稳压二极管虽然能够稳压，但是它毕竟是二极管，所能通过的电流有限，它一般只应用在低电压、小电流的工作场合，对一些高电压或大电流的工作场合，不能选用稳压二极管稳压。

2. 发光二极管

在汽车电路中，发光二极管随处可见，主要应用在仪表板上作为指示信号灯或报警信号灯。比如液体液面过低，制动蹄片过薄，制动灯、尾灯、前照灯等烧坏，这时相应的发光二极管就会被接通发光，发出报警指示。

如图4—26所示为浮子舌簧管开关式液位传感器的应用电路。

如图4—26a所示，这种传感器是由树脂软管制成的轴和沿轴上下移动的环状浮子组成的。圆管状轴内装有易磁化的强磁性材料制成的触点（舌簧管），浮子内嵌有永久磁铁。当液位低于规定值时，舌簧管与浮子的位置关系如图4—26b中虚线浮子位置所示。当浮子内

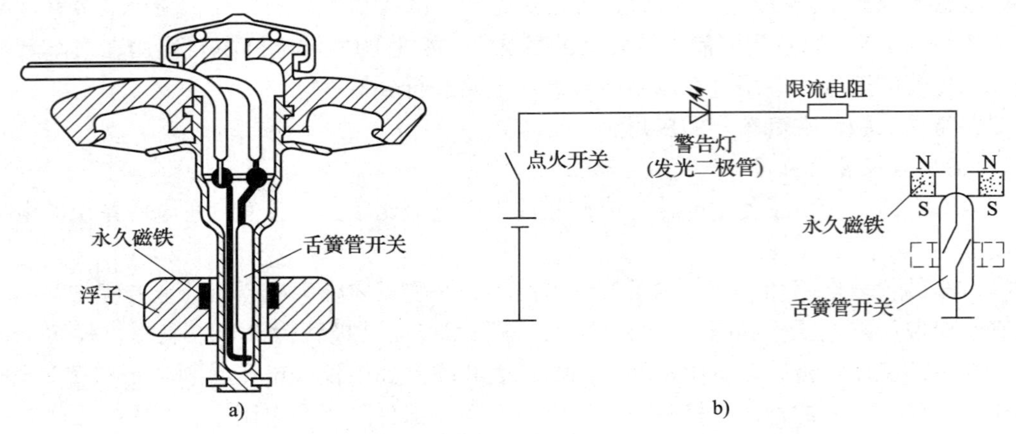

图 4—26　浮子舌簧管开关式液位传感器的应用电路

的永久磁铁接近舌簧管时，磁力线从舌簧管中通过，舌簧管的触点闭合，报警发光二极管电路被接通，报警发光二极管发光，提示驾驶员液位已经低于规定值。当液位达到规定值时，浮子上升到规定位置，如图 4—26b 中实线所示，没有磁力线通过舌簧管，在舌簧管本身的弹力作用下，舌簧管触点打开，报警发光二极管熄灭，表示液位合乎要求。

利用发光二极管做成的传感器，可检测制动液液位、发动机机油液位、洗涤液液位、水箱冷却液液位以及沉淀物内的含水量。红外发光二极管经常作为光源与光电三极管（后文叙述）组合在一起，组成光电式传感器或光电耦合器，作为汽车传感器应用到燃油流量检测、曲轴位置检测、车速检测、车高位置检测、转向盘转角检测等方面。

有些高级轿车在仪表盘上装有转向盘转角监控仪，利用发光二极管显示转向盘转角、前轮转角、车门的开闭状态。

3．光敏二极管

利用光敏二极管制成光电式传感器，可以把光信号转变为电信号，以便控制其他电子元件。汽车上的许多传感器就是利用光敏二极管制成的，用于汽车自动空调系统的日照强度传感器就是一个光敏二极管（见图 4—27）。日照强度传感器可以把太阳的照射情况转换成电流的变化，车内自动空调计算机对这种变化进行检测，来调节排风量和排风口温度。如图 4—28 所示是光敏二极管应用在丰田雷克萨斯 LS400UCF10 型轿车上的电路图。

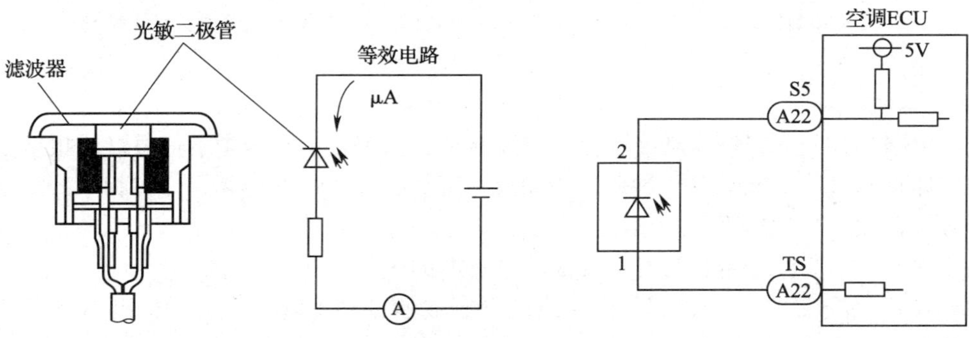

图 4—27　日照强度传感器及其应用等效电路

图 4—28　雷克萨斯 LS400UCF10 型自动空调系统日照强度传感器电路图

光敏二极管作为光传感器，还被应用到汽车灯光自动控制器中，用来检测车辆周围的亮、暗程度。

提示：

光敏二极管大部分应用场合与稳压二极管类似，是反向工作，负极接高电位，正极接低电位。但在有些场合采用正向工作。

三、三极管的开关特性在汽车电路中的应用

三极管开关电路在汽车电路中的应用相当广泛，主要用于电压调节器、电子点火器以及各种信号报警电路等。

1. 电压调节器

汽车交流发电机产生的电压随着发动机的转速和负荷会产生波动，发电机输出电压与发电机励磁绕组通过的励磁电流成正比，通过控制励磁线圈电路通断就可以控制流过的励磁电流平均值的大小，从而使发电机输出电压基本稳定在一个定值。电压调节器就是利用三极管的开关作用来控制励磁线圈电路的通断，来达到调节电压的目的。

在如图 4—29 所示 JFT201 型电压调节器电路中，电阻 R_2、R_3、R_4 组成分压电路，B 点电位随着发电机输出电压的变化而变化。在发电机输出电压小于预定调节电压值时，A 与 B 之间的电压小于稳压二极管 VZ 的反向击穿电压，稳压二极管 VZ 截止，三极管 VT1 的基极电流等于零，VT1 截止。而 VT2 的发射极和基极处于较高的电压作用下，因而饱和导通，接通励磁线圈，所以发电机正常发电。

当发电机输出电压升高，达到预定调节值时，A 与 B 之间的电压大于稳压二极管 VZ 的反向击穿电压，稳压二极管 VZ 导通，三极管 VT1 基极流过电流，VT1 饱和导通，同时 VT1 将 VT2 的发射极和基极短路，使 VT2 截止，断开励磁线圈，所以发电机输出电压下降。

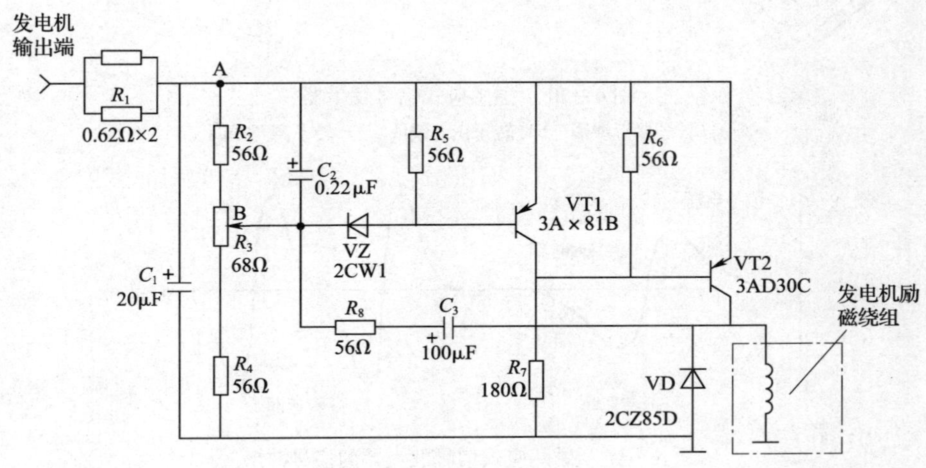

图 4—29　JFT201 型电压调节器电路

当发电机输出电压稍低于调节值时，稳压二极管 VZ 又恢复到截止状态，VT1 由导通变为截止，使 VT2 导通。如此反复，使发电机的输出电压维持在规定的调整值附近。

电阻 R_5 提供 VT1 基极工作电位，R_7 是 VT1 的负载电阻，R_6 提供 VT2 基极工作电位。电阻 R_8 和电容 C_3 可以加速三极管 VT2 的开关转换速度，减少损耗。电容 C_1 的作用是延缓分压电阻上的电压变换速度，降低开关管的开关频率，减少 VT2 管的发热程度。电容 C_2是滤波电容，可以使稳压二极管 VZ 两端的电压平滑过渡，减小发电机输出电压的脉动影响，降低开关管的开关频率和损耗。二极管 VD 是续流二极管，保护开关管 VT2 免受励磁线圈反向电动势的冲击。

2. 电子点火器

晶体管点火电路的点火信号由装在分电器内的信号发生器提供。如图 4—30 所示为一种磁感应式信号发生器。随着分电器的旋转，信号转子转动，它的凸起与信号线圈之间的间隙不断变化，通过信号线圈的磁通量随之发生变化，凸起接近信号线圈时磁通迅速增加，在线圈两端产生电压信号；当凸起与信号线圈正对时，磁通变化量最小，线圈两端电压为零；当凸起离开信号线圈时，磁通迅速减小，线圈两端电压急剧地改变极性，产生负的电压信号，信号线圈输出交流信号，电压从正变为负的瞬间就是点火时刻，如图 4—31 所示。当发动机不转时，通过信号线圈的磁通不变，不产生信号。

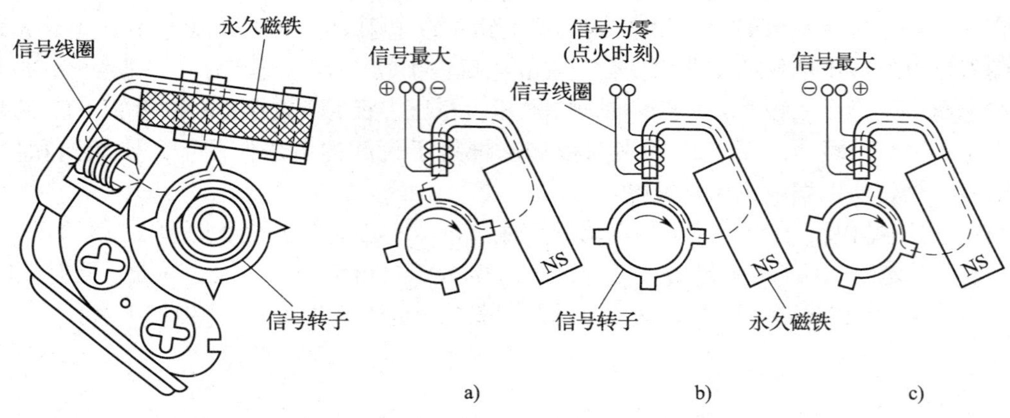

图 4—30　磁感应式信号发生器

a）转子接近线圈　b）转子正对线圈　c）转子离开线圈

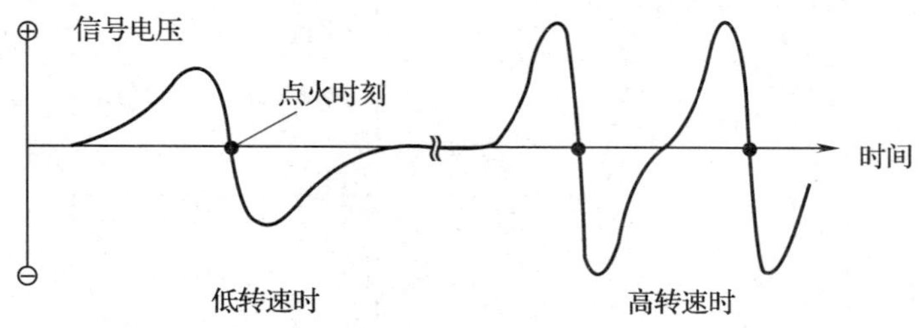

图 4—31　磁感应式信号发生器的信号波形

当发动机转动时，信号线圈产生电压。当产生正电压时，如图 4—32a 所示，线圈电压上正下负，使 A 点电位更高，保证三极管能饱和导通，点火线圈的一次线圈流过电流。当信号发生器产生负电压信号时，如图 4—32b 所示，线圈电压上负下正，使 A 点电位变为零或负值，三极管基极没有电流流过，因而三极管截止，点火线圈的一次线圈断开，二次线圈产生高压，送入分电器点火。

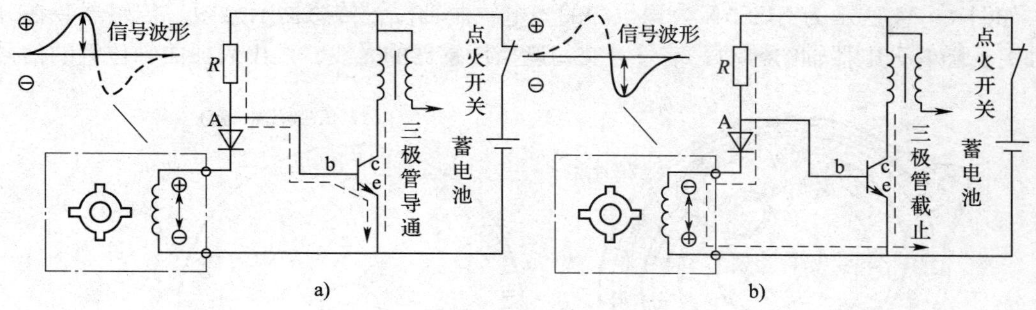

图 4—32　信号电压极性变化与三极管的导通

a）信号发生器产生正电压　b）信号发生器产生负电压

3. 蓄电池液位报警电路

汽车电路中包含很多信号报警电路，基本原理就是监控一个点的电位变化，来控制三极管的开关，发出声音或光的报警信号。如图 4—33 所示为蓄电池液位报警电路。蓄电池液位传感器用于蓄电池液位报警系统，以检测蓄电池液位的高低。如图 4—33a 所示，当传感器和蓄电池液面接触时，传感器相当于蓄电池正极发出高电位，经电阻 R_1 和 R_2 分压后，在 A 点形成一定电位，VT1 导通，VT2 基极电位很低，所以 VT2 截止，此时报警灯无电流通过，报警灯不亮；如图 4—33b 所示，当蓄电池液面下降至图示位置时，传感器和液面离开，此时传感器无电压，所以 VT1 截止，VT2 导通，报警灯亮，警告驾驶员蓄电池液面低。

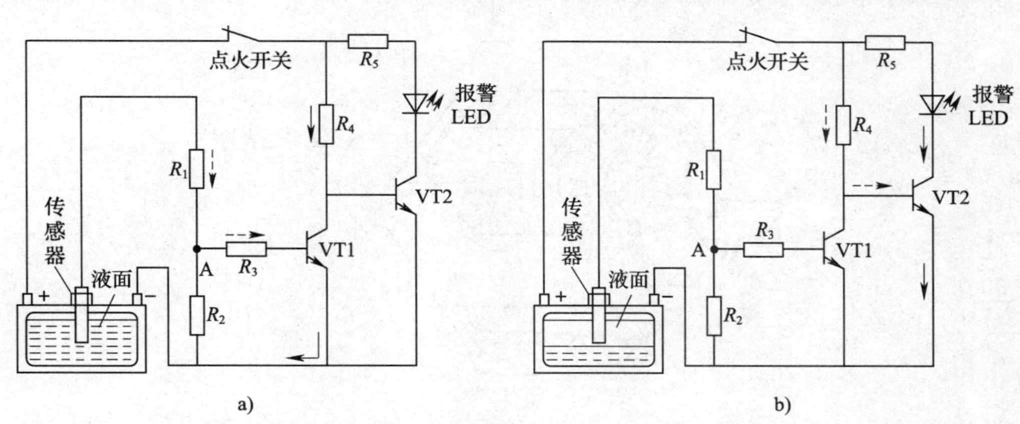

图 4—33　蓄电池液位报警电路

a）蓄电池液量正常时　b）蓄电池液量不足时

四、光敏三极管

在汽车上光敏三极管主要应用于传感器中。把发光二极管和光敏三极管组合在一起，可实现以光信号为媒介的电信号的转换，采用这种组合方式的器件称为光电耦合器。当光电耦合器作为传感器来使用时，称为光电式传感器。

在汽车上，光电式传感器被应用到许多场合，主要有：曲轴位置检测、车高位置检测、转向角度检测、车速传感器等，均是利用在光电式传感器的中间设置遮挡物，利用遮挡物是否挡住光线来判断遮挡物的位置（遮挡物均和被检测的对象连接在一起），传递位置信号或转过的遮挡物的个数信号。

如图 4—34 所示为 NISSAN 公司生产的光电式曲轴位置传感器示意图。传感器装在分电器轴上，随着分电器轴的转动，信号盘交替遮挡传感器的光线，发出表征曲轴位置的信号。

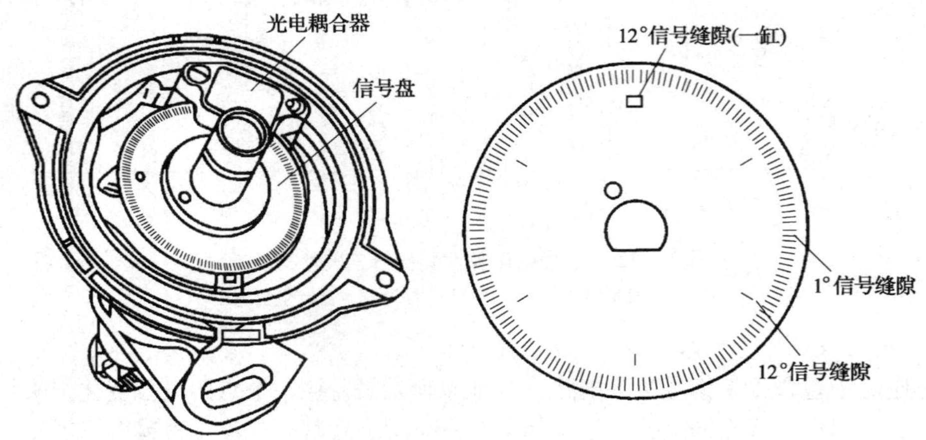

图 4—34　光电式曲轴位置传感器示意图

如图 4—35 所示为光电式车速传感器示意图。光电式车速传感器装在组合仪表内，由带切槽的转子和光电耦合器组成。带切槽的转子由转速表软轴驱动，当转子转动时，盘齿间断地遮住发光二极管光源，使光电三极管的输出电压发生变化。软轴转一圈，输出 20 个脉冲，经分频后变成 4 个脉冲，送给 ECU。

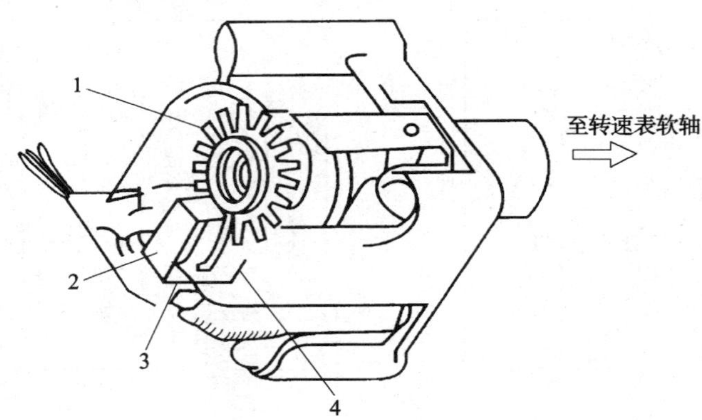

图 4—35　光电式车速传感器示意图

1—带切槽的转子　2—发光二极管　3—光电耦合器　4—光电三极管

技能训练——晶体管电压调节器实验步骤

1. 电压调节器根据配合使用的交流发电机形式，有内搭铁和外搭铁之分。搭铁形式可根据下述实验方法检验出来。首先认清调节器接线柱符号，根据搭铁形式，励磁线圈接在“B +”与“F”之间（外搭铁），或接在“F”与“ - ”之间（内搭铁）。

2. 将一个 0 ~ 50 V/5 A 可调直流电源、两只 2 W/12 V 白炽灯和开关，按照图 4—36 所示电路连接，接通开关，逐渐升高电压，当电压升为 4 ~ 5 V 时，白炽灯发光。若“B +”

与“F”之间白炽灯发光，表明调节器是外搭铁式；若“F”与“－”之间白炽灯发光，表明调节器是内搭铁式。

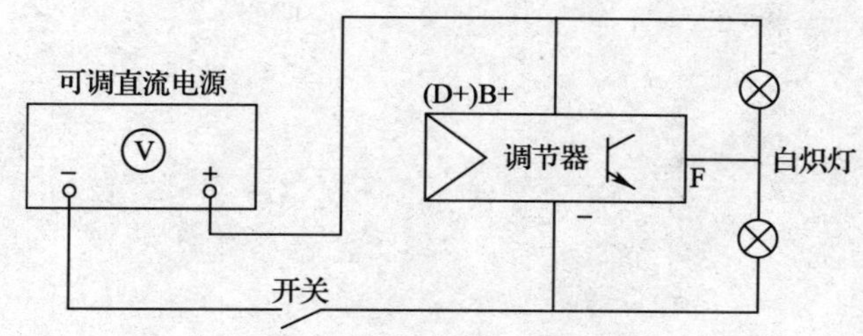

图 4—36　晶体管电压调节器实验电路

3. 将不亮的白炽灯拆去，继续升高电压，白炽灯亮度会随之增强，表明调节器内部开关管闭合。当电压升高到预定调节值时，白炽灯会由亮转灭，说明调节器内部开关管断开。当电压又降低到规定值以下时，白炽灯又亮，说明开关管又闭合。

4. 如果晶体管电压调节器不能实现上述过程，则说明调节器损坏。

单元四　集成电路及其应用

学习目标

1. 了解集成电路的分类。
2. 熟悉集成电路脚位序列的判定规则。
3. 掌握集成电路的检测方法。
4. 掌握集成电路放大器在压力传感器、自动空调控制器上的应用。
5. 掌握电压比较器在 ABS 控制、充电系电压监视电路中的应用。

一、集成电路的分类

集成电路，是通过特殊的半导体工艺方法，把晶体管、电阻及电容等电路元件和它们之间的连线全部集成在同一块半导体基片上，最后再进行封装，做成一个完整的电路。

集成电路按其功能的不同，可以分为数字集成电路和模拟集成电路；按模拟集成电路的类型来分，又分为集成运算放大器、集成功率放大器、集成高频放大器、集成中频放大器、集成比较器、集成乘法器、集成稳压器、集成数/模和模/数转换器以及集成锁相环等。

二、集成电路脚位序列的判定规则

汽车中集成电路常见的外形有三种：单列直插式、双列直插式、四方扁平式。

单列直插式集成电路的脚位识别：打点或带小坑的为 1 脚，按从左到右的顺序数。

双列直插式、四方扁平式的脚位识别：从起始脚开始，按逆时针方向数，一般打点或带小坑的为 1 脚，有的集成电路是以缺口槽位为起始标记，正对缺口槽，左下脚就为 1 脚，如图 4—37 所示。

图 4—37　四方扁平式的脚位识别图

技能训练——集成电路的检测

集成电路出现故障一般是局部损坏，如击穿、开路、短路等。电源集成电路和功放芯片易损坏。存储器易出现软件故障，其他芯片有时会出现虚焊等。

检查集成电路是否损坏，可通过从各个方面测试集成电路的工作状态，并与正常工作状态进行比较的方法来判断。即测量集成电路各引脚的对地电压值和电阻值，其中测量电压值必须在电路的工作状态下进行，测量电阻值则应在断电静态下进行，具体判断方法如下。

1. 检查集成电路各管脚对地的直流电压

用万用表测量集成电路各脚与地之间的直流电压后，再与正常值相比较，就可发现不正常的部位，但是采用直流电压测量法事先必须知道正常时各脚的直流电压值。

2. 检查集成电路各脚对地电阻值

用万用表测量集成电路各脚对地的电阻值，然后同正常值进行比较，也能判断出不正常的部位。当然，采用电阻测量法必须事先知道正常时集成电路各脚对地的阻值。在测量电阻时，应当进行正反两次测量，先将红表笔接地，用黑表笔测出一个阻值；再将黑表笔接地，用红表笔测出另外一个结果。将两次测量得到的电阻值同时与正常电阻值进行比较，就可以找出异常的部位。

另外，也可以通过测量集成电路外围相关元器件来判断集成电路是否有故障。但在测量时，应当注意以下几点：

（1）测量时要使用低电阻挡，例如 R×10 Ω 挡，这样可以降低外电路对测量数据的影响，也可以较准确地测出二极管、晶体管正反向电阻值。

（2）测量元件的电阻值时，还要考虑其他元器件对被测元件的影响。

（3）如元件测量电阻值差异很大，可更换元件后再进行电阻值测量。

（4）如外围元器件无问题，则故障多半在集成电路内部。

三、集成运算放大器在汽车电子电路中的应用

把电子系统输出量（电压或电流）的一部分或全部，经过一定的电路送回到它的输入端，称为反馈。如果引入的反馈使放大电路的放大倍数降低，就称为负反馈；如果引入的反馈使放大电路的放大倍数增大，就称为正反馈。

负反馈虽然降低了放大倍数，但是它对提高放大电路的工作稳定性和改善电路性能指标起到了重要作用，一般多级放大电路都要引入负反馈。随着电子技术的不断发展，分立元件的多级放大器已经被集成在一块半导体芯片内，构成了集成运算放大器（简称集成运放）。

通常集成运放必须外接负反馈网络，才能正常工作。根据输入方式的不同，构成三种最基本的实用放大器电路，成为其他各种应用电路的基础。

1．基本实用放大电路

（1）反相放大器。反相放大器的放大倍数 $A_f = -R_f/R_1$。式中，A_f为负值，表明集成运放输出电压与输入电压反相，所以叫反相放大器，如图 4—38 所示。而且，A_f仅取决于R_f/R_1的比值，而与集成运放本身无关。电阻 R_2为平衡电阻，其作用是保证放大器稳定工作。

（2）同相放大器。放大倍数 $A_f = 1 + R_f/R_1$。式中 A_f大于零，表明输出电压 u_O与输入电压 u_I同相。如果将 $R_1 = \infty$（开路）或 $R_f = 0$，则 $A_f = 1$，构成的电路称为电压跟随器，如图 4—39 所示。电压跟随器（见图 4—40）一般作为信号与其负载之间的缓冲隔离。

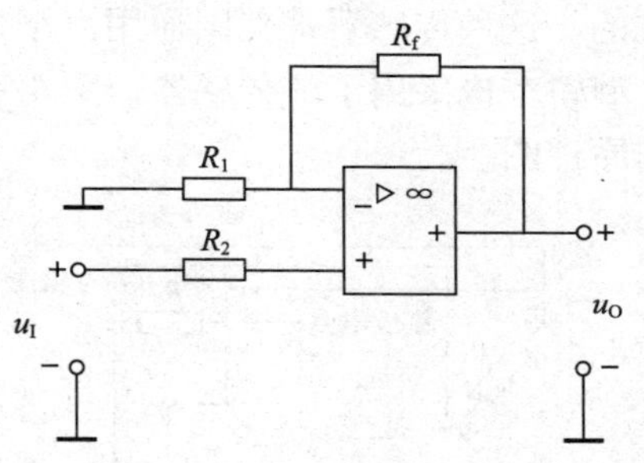

图 4—38　反向放大器

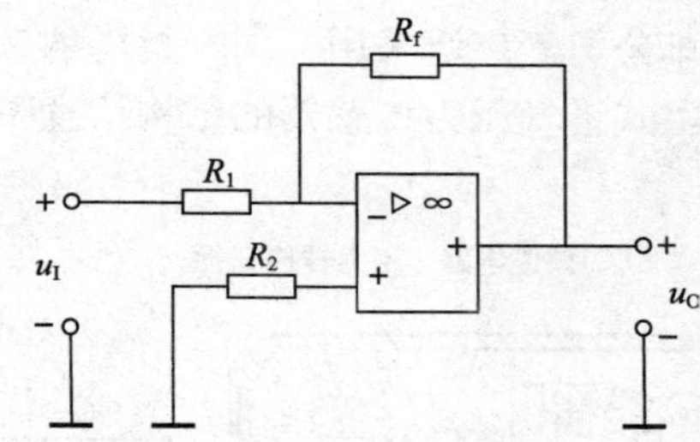

图 4—39　同向放大器

（3）差分放大器。如果两个输入端都有信号输入，就构成了差分放大器，如图 4—41 所示。差分放大器放大的是两个输入信号的差，输出电压 u_O与两个输入电压的关系是 $u_O = A_f\ (u_{I11} - u_{I12})$，放大倍数为 $A_f = R_f/R_1$。

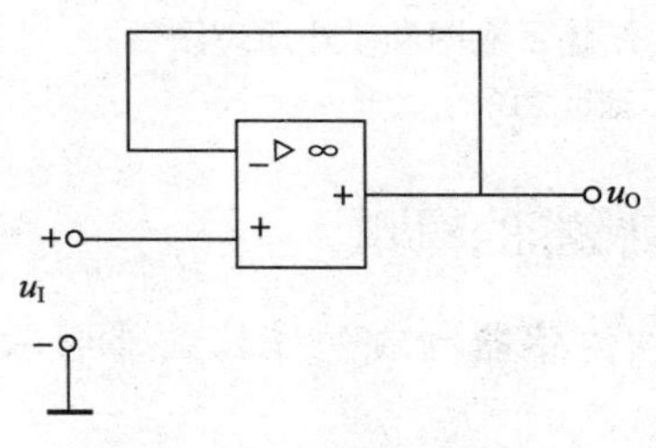

图 4—40　电压跟随器

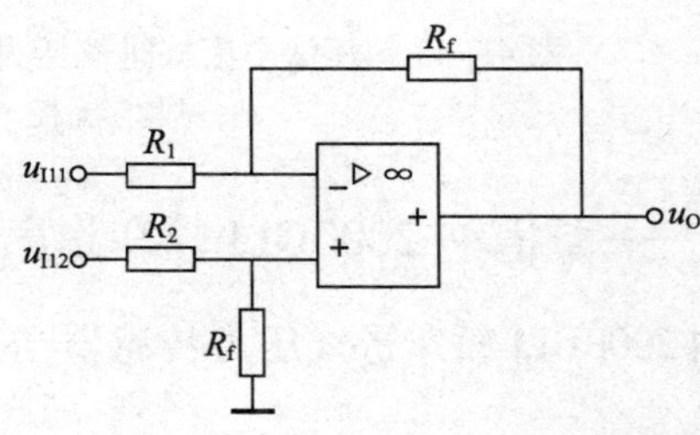

图 4—41　差分放大器

提示：

在汽车电子电路中，差分放大器常用做传感器信号放大器，将传感器信号放大后，传送到 ECU。

2. 集成电路放大器在压力传感器、自动空调控制器上的应用

（1）电桥信号放大电路。如果需要对温度、压力或变形等进行检测，可采用图 4—42 所示的电桥信号放大电路。图中电桥的一个臂是由传感器构成的。

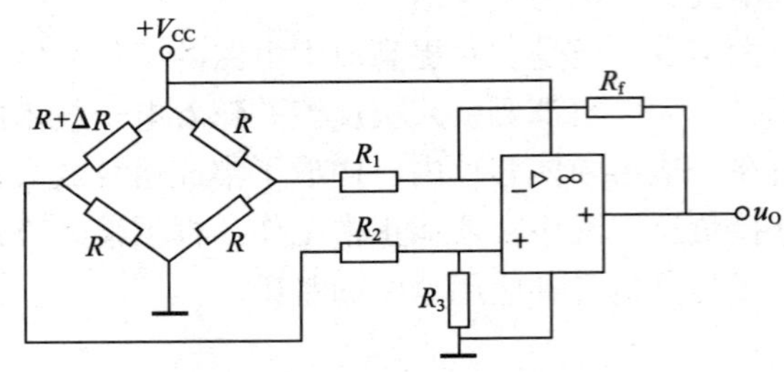

图 4—42　电桥信号放大电路

当传感器的阻值没有变化时，即 $\Delta R=0$ 时，电桥平衡，电路输出电压 $u_O=0$；当传感器因温度、压力或其他变化而使传感元件的电阻值发生变化时（用 ΔR 表示），电桥就失去平衡，变化量变成了电信号而产生输出电压 u_O，输出电压 u_O一般很小，需要经过放大器进行放大。

（2）集成电路放大器在压力传感器上的应用。在汽车电喷发动机中，用来测量进气量的进气压力传感器就是由压敏电阻和集成运放制成的。这种传感器被美国通用汽车公司、日本丰田汽车公司等广泛采用，国产桑塔纳 2000GLI 型轿车也采用了该传感器。图 4—43 所示为压敏电阻式进气压力传感器的结构示意图和工作原理图。

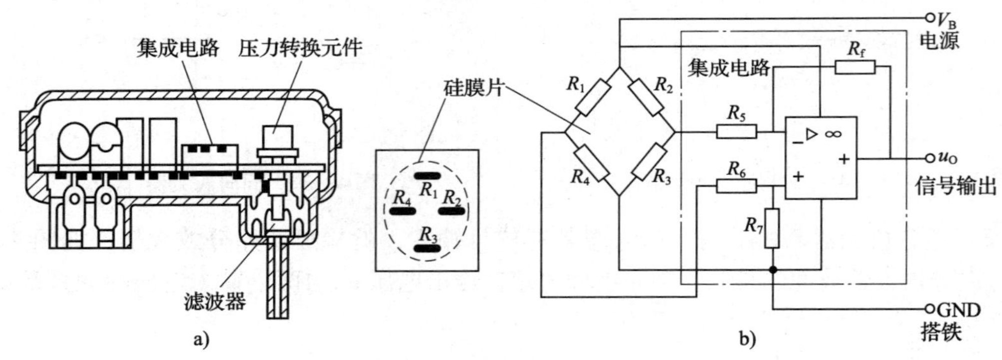

图 4—43　压敏电阻式进气压力传感器的结构示意图和工作原理图

a）结构示意图　b）工作原理示意图

技能训练——桑塔纳 2000GLI 轿车进气压力传感器的检测

桑塔纳 2000GLI 轿车进气压力传感器与进气温度传感器制成一体，其外形示意图如图 4—44 所示。

1. 用一台直流稳压电源调整到 +5 V 输出，正极连接到端子 3，负极连接到端子 1。

2. 用万用表的电压挡测量端子 4 和端子 1 之间的电压，标准值应该是 3. 8 ~ 4. 2 V。

3. 真空枪接在进气压力传感器的通气口上，并使其产生真空。这时端子 4、端子 1 间的电压应为 0. 8 ~ 1. 3 V，而且电压随着真空度的增大而升高。

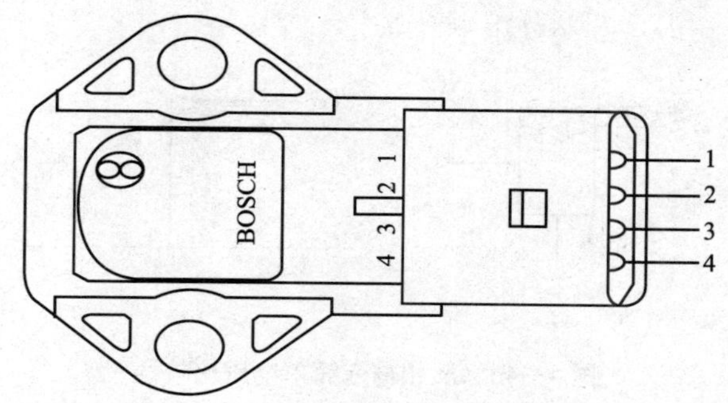

图 4—44　桑塔纳 2000GLI 轿车进气压力传感器的外形示意图

1—搭铁　2—进气温度信号输出端子　3—电源（+5 V）端子　4—传感器信号输出端子

（3）集成电路放大器在自动空调控制器上的应用。光电二极管、光电三极管或其他光电器件能够将光信号转变为电信号。图 4—45 所示为一种最简单的光电测量电路。

无光照时，光电二极管的反向电流很小。有光照时，二极管有光电流流过，光的照度越大，光电流越大，经过集成运放后，输出电压 $u_O = iR_f$。在汽车自动空调控制系统中，用做检测日照量的传感器就是经过设置在 ECU 内部的上述电路进行信号放大的。

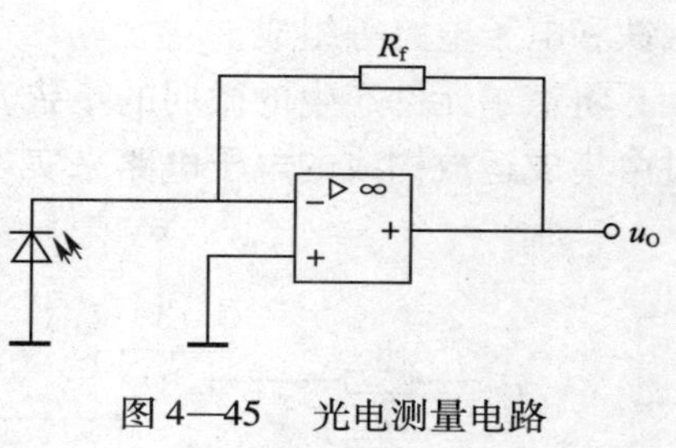

图 4—45　光电测量电路

四、电压比较器在 ABS 控制、充电系电压监视电路中的应用

集成运算放大器的一个特殊应用就是构成电压比较器。电压比较器是能够对两个输入电压大小进行比较的一种集成运算放大器。在它的两个输入电压中，一个是基准电压，另一个是被比较的输入电压，当两个电压不相等时，集成运放输出的电压不是等于正电源电压就是等于零（如果采取正负电源供电，就等于负电源电压）。即在输出端只输出两种电压值：正电源电压、零，在汽车电路中用于信号测量、越限报警等。

电压比较器最常见的应用电路有三种形式：简单电压比较器、滞回电压比较器和窗口电压比较器。

1. 简单电压比较器

简单电压比较器的电路如图 4—46a 所示，输入信号加在反相端，是一个反相输入电压比较器。U_{TH}是基准电压，$u_I = u-$，$U_{TH} = u+$。当 $u_I > U_{TH}$时，即 $u- > u+$，比较器输出等于零，即 $u_O = 0$；当 $u_I < U_{TH}$时，即 $u+ > u-$，比较器输出 $u_O = +V_{CC}$，其传输特性如图 4—46b 所示。

2. 滞回电压比较器

（1）基本电路。在简单电压比较器的基础上加上正反馈就构成了滞回电压比较器，电路结构如图 4—47a 所示。图中输入信号从反相端输入，反馈信号作用于同相端，为反相滞回电压比较器。

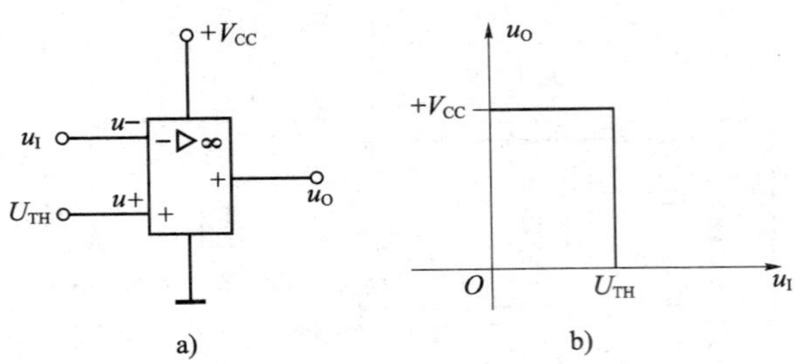

图 4—46　反相输入简单电压比较器

a）电路　b）传输特性

（2）滞回电压比较器在汽车电子电路中的应用。在汽车 ABS（电控防抱死）系统中，车轮的速度是靠轮速传感器来传递给 ECU 的。霍尔轮速传感器就是轮速传感器的一种。它的结构如图 4—48 所示，主要由与车轮或传动系统连接在一起的触发齿圈、霍尔元件、永久磁铁和电子电路等组成。

将霍尔元件产生的微弱的正弦波信号放大整形为 11.5～12 V 的标准脉冲信号，就是通过由集成运放构成的电子电路来实现的。电路原理如图 4—49 所示。

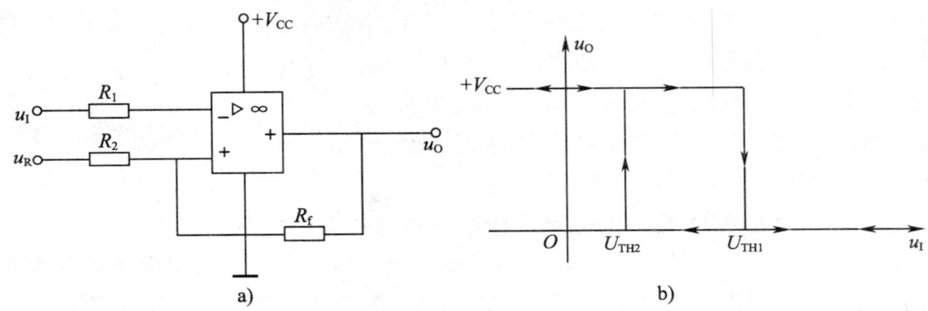

图 4—47　反相滞回电压比较器

a）电路　b）传输特性

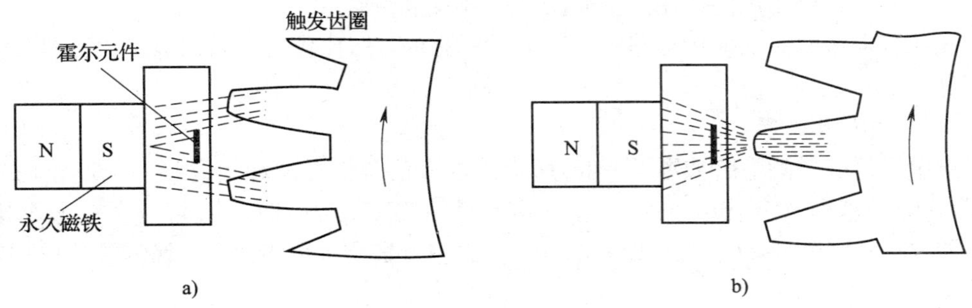

图 4—48　霍尔轮速传感器的结构示意图

a）磁场弱　b）磁场强

图 4—49 所示霍尔轮速传感器滞回整形的信号电路分为 4 个部分：由霍尔元件构成的信号产生部分；由 A_1、R_1、R_{f1} 组成的放大部分；由 A_2、R_2、R_3、R_{f2} 组成的滞回电压比较器和由三极管 VT 构成的输出级。霍尔元件感受触发齿轮转动带来的磁场变化而产生微弱

的正弦波信号（见图 4—50），该信号经 A_1放大器放大后（见图 4—49），送到比较器 A_2，电阻 R_2、R_3向比较器 A_2提供了基准电压，A_2输出经过滞回整形的脉冲信号（见图 4—50）。

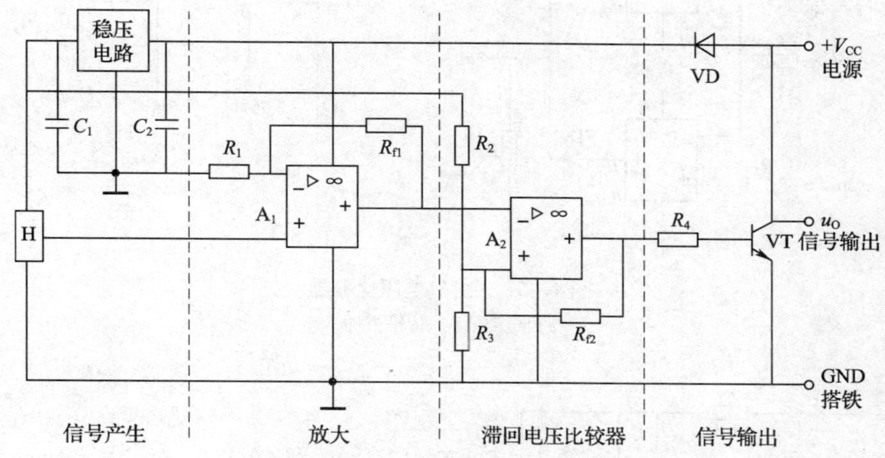

图 4—49　霍尔轮速传感器的电路原理图

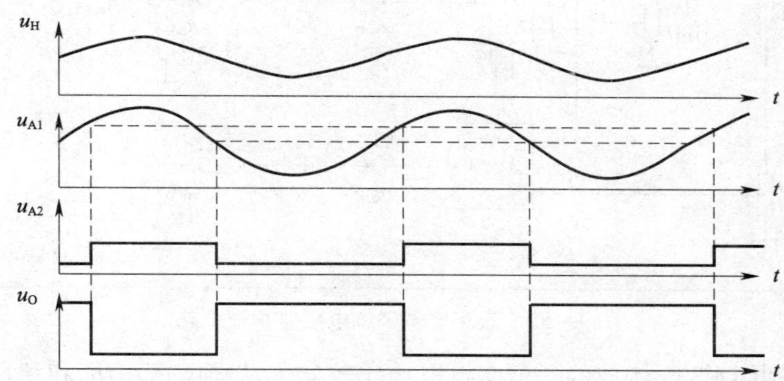

图 4—50　霍尔轮速传感器滞回整形的脉冲信号

3．窗口电压比较器

（1）基本电路。简单电压比较器和滞回电压比较器的共同特点是：当输入电压 u_I单方向变化时，输出电压 u_O只跳变一次，只能检测一个电平，如果要判断输入电压 u_I是否在两个电平之间，应采用窗口电压比较器（见图 4—51）。

窗口电压比较器是由两个阈值电压不等的简单比较器组成的，阈值小的采用反相接法，阈值大的采用同相接法，电路如图 4—51a 所示。

（2）窗口电压比较器在充电系电压监视电路中的应用。在汽车充电系电路中，当电压过低或过高时，报警器发出警报，这就是汽车充电系电压监视电路。电路如图 4—52 所示。

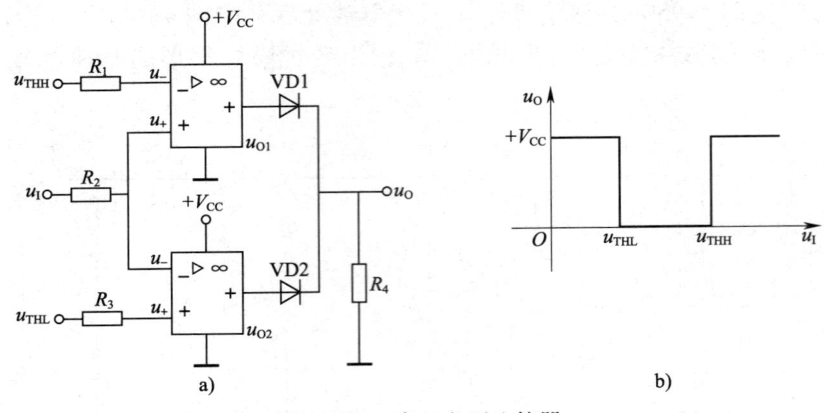

图 4—51　窗口电压比较器

a）电路　b）传输特性

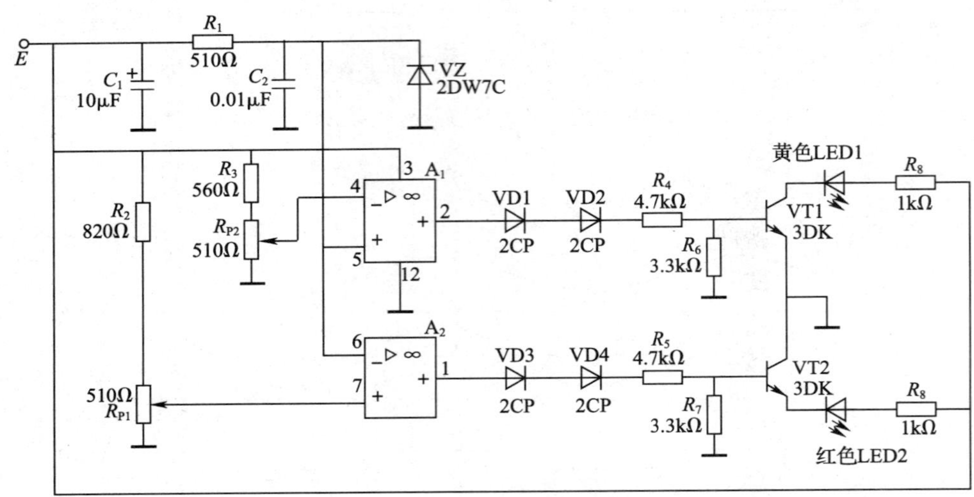

图 4—52　汽车充电系统电压监视器电路

电路主要是由 LM339 构成的一个窗口电压比较器。基准电压由 R_1 和稳压二极管 VZ 组成的稳压电路提供，稳压二极管 VZ 的稳压值是 6 V。基准电压分别接在 A_1 的正向端和 A_2 的反相端。E 接在汽车充电系电源上。

电路调试时，先用 14.5 V 的电压作电源电压，调整电位器 R_{P2}，使比较器 A_2 正好翻转。然后改用 12 V 电源，调整电位器 R_{P1}，使比较器 A_1 正好翻转。

技能训练——蓄电池电压过低报警电路实验

1．按图 4—53 所示蓄电池电压过低报警电路进行接线。该电路由集成运放 LM741、稳压二极管、发光二极管及一些电阻组成。电阻 R_2 与稳压二极管 VZ 组成电压基准电路，向比较器提供 5 V 的基准电压。R_1、R_3 组成分压电路，中间点作为电压检测点。

2．当蓄电池电压高于 10 V 时，比较器输出电压接近蓄电池电压，发光二极管不发光，指示电压正常。

3．当蓄电池电压低于 10 V 时，比较器输出电压为零，发光二极管发光，指示电压过低。

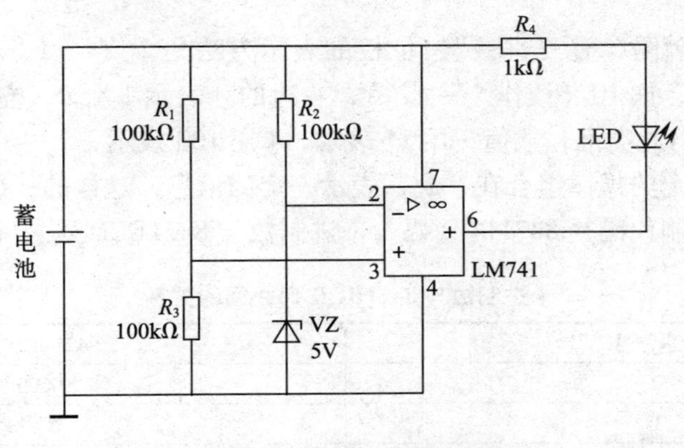

图 4—53　蓄电池电压过低报警电路

单元五　微型计算机基础

学习目标

1. 了解数字电路的基本概念。
2. 掌握车用微型计算机的基本组成及特点。

一、数字信号

在汽车电子电路中，电信号主要在传感器、ECU 及执行器件之间进行传递。传感器输入 ECU 的信号可以分为两大类：一类是连续变化的信号，如热敏电阻式水温传感器，输出的信号是随着冷却水温度变化而连续变化的信号，这类信号被称为模拟信号，如图 4—54a 所示；另一类信号是电压“高”“低”间隔变化的脉冲式信号，如光电式曲轴位置传感器输出的信号是遮光盘不断通过光电耦合器而产生的“有”或“无”（透光或遮光）规律变化的脉冲信号，这类信号被称为数字信号，如图 4—54b 所示。

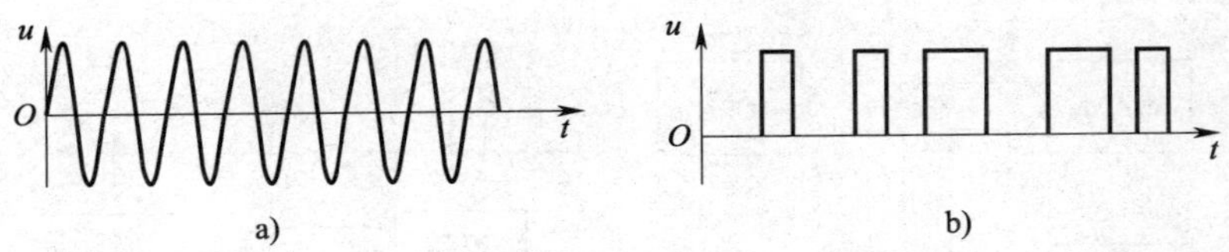

图 4—54　模拟信号和数字信号

a）模拟信号　b）数字信号

输出模拟信号的传感器有：各种可变电阻式传感器，如叶片式空气流量传感器、热丝式空气流量传感器、水温传感器、压力传感器、节气门位置传感器、浮子可变电阻式液位传感器。输出数字信号的传感器有：卡门涡旋式空气流量传感器、曲轴位置传感器、光电式传感器、霍尔式传感器、笛簧开关式传感器、报警电路的传感器。

在汽车电路中，数字集成电路随处可见，电子控制单元 ECU 就是一个典型的数字系统。

二、二进制

二进制顾名思义就是“逢二进一”，位权的表示方法是 2^i（$i=1$，2，3，…），数字也是从右向左依次排列，如 10（读作“一零”），右边的 0 表示 1 个 0，左边的 1 表示 1 个 2，相当于十进制的 2。以此类推，数值 3 用 11 表示，4 用 100 表示，5 用 101 表示。

二进制数按照一定的规律组合在一起，表示一定的信息，这样的一组二进制数称为二进制码。最常用的二进制代码是 8421BCD 码，十进制数与 8421BCD 码之间的关系见表 4—1。

表 4—1　　十进制数与 8421BCD 码之间的关系

十进制数	8421BCD 码
0	0000
1	0001
2	0010
3	0011
4	0100
5	0101
6	0110
7	0111
8	1000
9	1001
10	00010000
11	00010001

三、单片机

单片机是将中央处理器（CPU）、存储器、定时器/计数器、输入/输出（I/O）接口电路等主要计算机部件集成在一块集成电路芯片上的微型计算机，基本结构如图 4—55a 所示。虽然单片机只是一块芯片，但其已经具有微型计算机的组成与功能，故称为单片微型计算机，简称单片机或微机。目前，汽车电控系统采用的单片机均为数字式单片机。

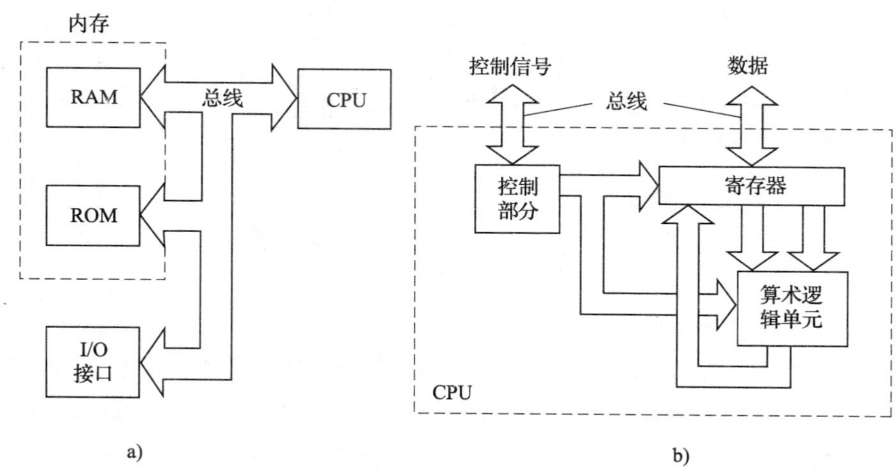

图 4—55　单片机基本结构框图

a）单片机结构框图　b）CPU 结构框图

单片机分为通用型单片机和专用型单片机，通常所说的单片机就是指通用型单片机。从基本操作处理的数据来看，单片机又可分为4位、8位、16位和32位单片机。目前汽车上用的主要是8位单片机和16位单片机，也有一些轿车上开始使用32位单片机。

1. 中央处理器

中央处理器（CPU）是具有译码指令和数据处理能力的电子部件，是汽车电子控制单元的核心，基本结构如图4—55b所示，由运算器、寄存器和控制器组成。

运算器是计算机的运算部件，用于实现数学运算和逻辑运算。汽车上各种电控系统ECU（燃油喷射系统EFI、防抱死制动系统ABS、安全气囊系统SRS、自动变速器ECT控制系统）内部的数据运算与逻辑判断都在这里进行。

寄存器用于暂时存储数据或程序指令。

控制器是计算机的指挥控制部件，其功用是按照监控程序和应用程序使计算机各部分协调工作。

2. 存储器

在单片机或微型计算机中，存储器是用来存储程序指令和数据的部件。存储器是由许多具有记忆功能的存储电路构成的，每个记忆存储电路存储1个二进位信息（0或1），称为存储器的存储位（Bit）。每8个记忆存储电路构成存储器的一个基本单元，存储8位二进制信息，称为存储字节（Byte）。

存储器按读写操作原理可分为：只读存储器（ROM）和随机存取存储器（RAM）。按功能可分为程序存储器和数据存储器。按构成材料可分为半导体存储器和磁质存储器。

（1）只读存储器（ROM）。只读存储器（ROM）是一种一旦信息写入就不可变更，而只能读出的存储器。实质上，ROM是一次性写入、可随机读出的存储器。

一般说来，写入ROM的信息不会由于断电而被破坏，也不会由于断电而丢失。

在汽车电控系统中，ROM用来存储制造厂家编制的控制程序、运行程序和原始实验数据（如喷射系统最佳混合气空燃比的喷油三维脉谱图数据，最佳点火提前角三维脉谱图数据等），即使点火开关切断电源，ROM中存储的这些信息也不会丢失。

按照程序要求，确定ROM记忆存储电路中各MOS管状态（导通或截止）的过程，称为ROM编程。根据ROM编程方式的不同，只读存储器ROM可分为以下三种：

1）掩膜ROM。掩膜ROM简称ROM，是由厂家在制作ROM芯片的最后一道工序时，根据用户和程序要求制作一块决定MOS管连接方式的掩膜，然后再将所需的存储内容制作于芯片中。制作完毕后，用户不能更改存储内容。

2）可编程ROM即PROM。PROM芯片在出厂时未作任何存储操作，现场使用前，用户可用专门的PROM编程器将自己编制的程序或数表一次性地写入PROM中。同掩膜ROM一样，只能写入一次，其存储内容一旦写入就不能更改。

3）可改写ROM即EPROM，又称为可改写可擦除ROM。EPROM芯片存储的内容也是由用户自己采用专门的编程方法写入的，允许反复擦除，重新写入。

（2）随机存储器（RAM）。随机存储器（RAM）与只读存储器（ROM）相比，有两点不同：一是RAM中的信息既可随时写入或读出，也可随时改写，改写时不必先擦除原有内容；二是半导体RAM中的信息会因突然断电而丢失，因此，在汽车上，RAM通常用来存储单片机工作时暂时需要存储的数据（如输入/输出数据、单片机运算得出的结果、故障码、空燃比修正数据等），这些数据根据需要可随时调用或被新的数据改写。

提示：

汽车电控单元 ECU 的故障码、空燃比修正数据就存储在随机存储器（RAM）中，为保证数据不丢失，在检修或更换蓄电池之前，必须事先调取故障码或采取必要的不断电措施。

3. 输入输出（I/O）接口

I/O（Input/Output）接口是 CPU 与传感器或执行器之间进行数据交换和下达控制指令的通道。由于传感器和执行器种类繁多，它们的信号速度、频率、电平、功率和工作时序等都不可能与 CPU 完全匹配，因此，必须根据 CPU 的指令，通过 I/O 接口进行协调和控制。

4. 总线

总线（BUS）是微机内部传递信息的电路连线。在单片机内部，CPU、ROM、RAM 与 I/O 接口之间的信息交换都是通过总线来实现的。按传递信息的不同，总线可分为数据总线、地址总线和控制总线三种。

数据总线主要用于传送数据与指令。数据总线的导线数与数据的位数一一对应。例如，16 位微机，其数据总线就有 16 根导线。

地址总线用来传递地址数码。在微机内，各器件之间的通信主要是靠地址码进行联系的。例如，当需要存入或读出存储器中某个单元的数据时，必须先将该单元的地址数码送到地址总线上，然后才能送出读取指令或写入指令完成读取或写入操作。

微机中的元件都与控制总线连接，CPU 可通过控制总线随时掌握各个元件的状态，并根据需要随时向某个元件发出控制指令。

5. 输出回路

输出回路是单片机与执行器之间的中继站，其功用是根据微机发出的指令，控制执行器动作。微机对采样信号进行分析、比较、运算后，由预定的程序形成控制指令并通过输出端子输出。如图 4—56 所示为 MCS－51 单片机的基本结构。

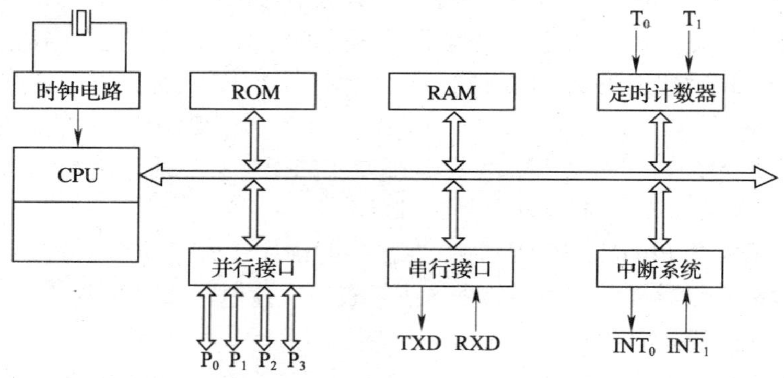

图 4—56　MCS－51 单片机的基本结构图

单元六　汽车计算机控制技术

学习目标

1. 理解车用微型计算机的组成及特点。
2. 熟悉车用微型计算机的工作过程。
3. 熟悉车用微型计算机控制系统的应用。

一、汽车计算机控制系统的特点

1. 具有高的工作可靠性。
2. 具有良好的抗振性。
3. 能在温度大范围变化的情况下正常工作。
4. 具有抗强电磁干扰的能力。
5. 能在电压波动较大的情况下正常工作。
6. 具有较强的抗腐蚀、抗污染的能力。

二、汽车计算机控制系统的组成

汽车计算机作为控制系统的核心，在硬件结构上一般可分为三部分：外部传感器、汽车计算机和执行机构，如图 4—57 所示。汽车计算机一般被称为电控单元 ECU（Electronic Control Unit），主要由输入接口、微处理器和输出接口组成。

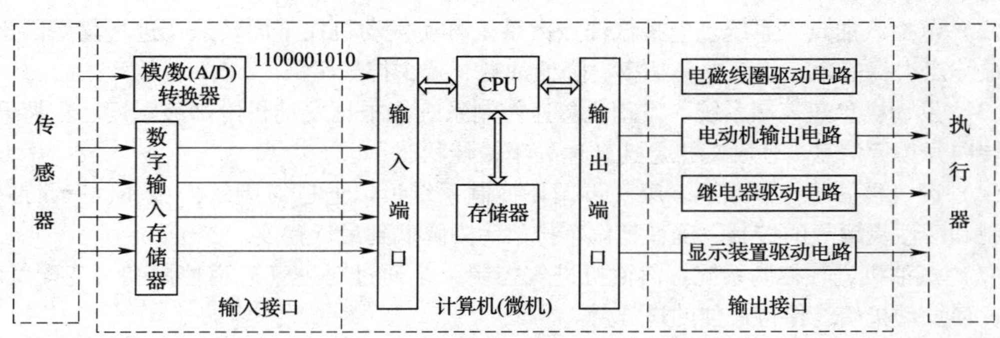

图 4—57　汽车计算机控制系统的基本组成

三、汽车计算机控制系统的工作过程

汽车运行时，各种传感器不断检测汽车运行的工况信息，并将这些信息实时地通过输入接口传送到 ECU。ECU 接收到这些信息时，根据内部预先存储的数据和编好的控制程序，通过数学计算和逻辑判断，进行相应的决策和处理，确定出适应发动机工况的点火提前角、喷油时间等参数，并将这些数据转变为电信号，通过输出接口输出控制信号给相应的执行器，执行器接收到控制信号后，执行相应的动作，实现某种预定的功能。

ECU 除了具有控制功能外，还具有故障自诊断功能。在发动机运转过程中，ECU 对部分传感器传输的信号进行监测与鉴别。当发现传感器的传输信号超过规定的范围时，ECU

将判断该传感器或相关线路产生故障，并将故障码存储在存储器中，以便维修和调用，与此同时还以一个预先设定的数据或用其他传感器提供的信号对发动机实施控制，使发动机进入故障应急运行状态。

四、汽车计算机控制系统的应用

1. 汽车发动机计算机控制系统

发动机计算机控制系统主要包括电控汽油喷射系统、电控汽油点火系统、发动机怠速控制系统、废气再循环控制系统、汽油机进气控制系统、汽缸变排量控制系统、可变压缩比系统、柴油机电控系统等，如图 4—58 所示。

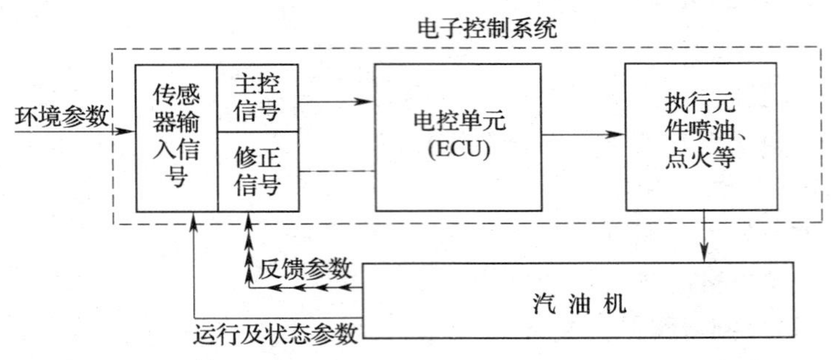

图 4—58　发动机电控系统的构成

（1）电控汽油喷射系统。电控汽油喷射主要是最佳空燃比的控制，从而提高功率、降低油耗、减少排气污染。

（2）电控汽油点火系统。电控汽油点火系统可使发动机在不同转速、进气量等因素下，实现最佳点火提前角，从而提高功率、降低油耗、减少排气污染。

（3）发动机怠速控制系统。发动机怠速控制系统能根据发动机冷却液温度、空调开关、动力转向开关等信息，使发动机怠速转速处于最佳状态。

（4）废气再循环控制系统。废气再循环控制系统可以通过对废气再循环、三元催化转化控制和活性炭罐等的控制，确保把汽车排放污染降低到最低程度。

（5）汽油机进气控制系统。汽油机进气控制系统通过对进气通道控制和可变配气相位控制，使发动机始终保持最佳的进气量。

2. 汽车底盘电控系统

汽车底盘电控系统包括防抱死制动系统（ABS）、电控自动变速器、电子防滑系统（ASR）、电控悬架系统、电控动力转向系统、电控巡航系统等。

（1）防抱死制动系统和电子防滑系统。防抱死制动系统和电子防滑系统通过对车辆制动、起步和加速工况的控制，达到提高车辆稳定性的目的。

（2）电控自动变速器。电控自动变速器能根据发动机节气门开度和车速等行驶条件，由 ECU 按照换挡特性和换挡规律，精确控制传动比，使汽车达到最佳挡位。

（3）电控悬架系统。电控悬架系统可根据不同的路面状况和车辆运行的工况自动控制车身高度，调整悬架的弹性、刚度和阻尼特性，改善车辆行驶的稳定性、平顺性、可操纵性和乘坐舒适性。

（4）电控动力转向系统。电控动力转向系统可根据车速、转向角、转矩等传感器信号，自动调整加在转向盘上的转向力矩，使各种行驶条件加在转向盘上的力矩最佳。

（5）电控巡航系统。电控巡航系统根据车速传感器、巡航控制开关机定速取消开关信号，根据设定车速的需要，自动增减节气门开度，使汽车行驶速度保持稳定，以减轻驾驶员的疲劳感受。

3．汽车车身电控系统

汽车车身电控系统包括车用空调控制、车辆信息显示、风窗玻璃的刮水器控制、灯光控制、汽车门锁控制、汽车车窗控制、电动坐椅控制、安全气囊与安全带控制、防撞与防盗安全系统等。下面简要介绍汽车车身电控系统。

（1）汽车自动空调控制系统。汽车自动空调控制系统根据各种温度传感器输入的信号自动地将车内温度保持在设定的温度范围内。

（2）车辆信息显示系统。车辆信息显示系统主要检测发动机系统、制动系统和电源系统，以提高行车安全性、燃油经济性和乘坐舒适性等。

（3）汽车电子灯光控制系统。汽车电子灯光控制系统可以根据需要自动地将后灯和前灯接通和切断，以提高汽车使用的便利性和行驶安全性。

（4）安全气囊控制系统。安全气囊控制系统是一种被动安全保护装置。在撞车过程中，保护驾驶员的头部和胸部，以避免伤亡事故的发生。

模块五　汽车电路的特点与表达方法

单元一　汽车电路的组成与特点

学习目标

1. 了解汽车电路的组成。
2. 掌握汽车电路的基本特点。
3. 熟悉电源、过载保护器件、控制器件、导线、负载。

一、汽车电路的组成

为使汽车的电气设备工作，用导线和车体把电源、电路保护装置、控制器件及用电设备等装置连接起来，构成电流的路径，称为汽车电路。

汽车电路主要由电源（蓄电池2）、电路保护装置、控制器件（点火开关1）、中央配电盒3、用电设备（起动机4）及导线组成（见图5—1）。

（1）电源。汽车上装有两个电源，即蓄电池和发电机。其功能是向用电设备提供电能，保证各用电设备在不同工况下正常工作。

（2）电路保护装置。主要有熔断器（俗称保险丝）（见图5—2）、电路断电器（见图5—3）及易熔线等。

其功能是在电路中起保护作用。当电路中电流超过规定值时切断电路，防止烧坏用电设备和导线，防止车辆自燃。

（3）控制器件。包括手动开关、压力开关、温控开关等。

现代汽车还大量使用继电器（见图5—4）、电子控制器件（也称模块，如电子电压调节器、点火控制器等）和微机形式的电子控制单元（如发动机电控单元、自动变速器电控单元等）。电子控制器件需要单独的工作电源及各种形式的传感器。

（4）用电设备（也称负载）。如起动机、点火线圈、前照灯、信号灯、各种形式的电动机、电磁阀等。

按其功能可大致分为起动系统、照明系统、信号系统、仪表系统、点火系统、辅助系统、电子控制系统等（见图5—5）。

（5）中央配电盒。在现代汽车上，常将熔断器、断路保护器和继电器等集中布置在一块或几块安装板上，其背面用以连接线束，形成电气线路中央配电盒或中央接线盒（见图5—6）。

1）图中指引线1～17所指方块为各类继电器的位置，指引线1、3、4、11所指为空位，指引线18～22及图5—5a下部熔丝区中下方的1～22所指为熔断器位置及熔断电流值。

2）A～R所指为接线线束编号，其中P插座为电源插座，R、K、M均为空位插座，

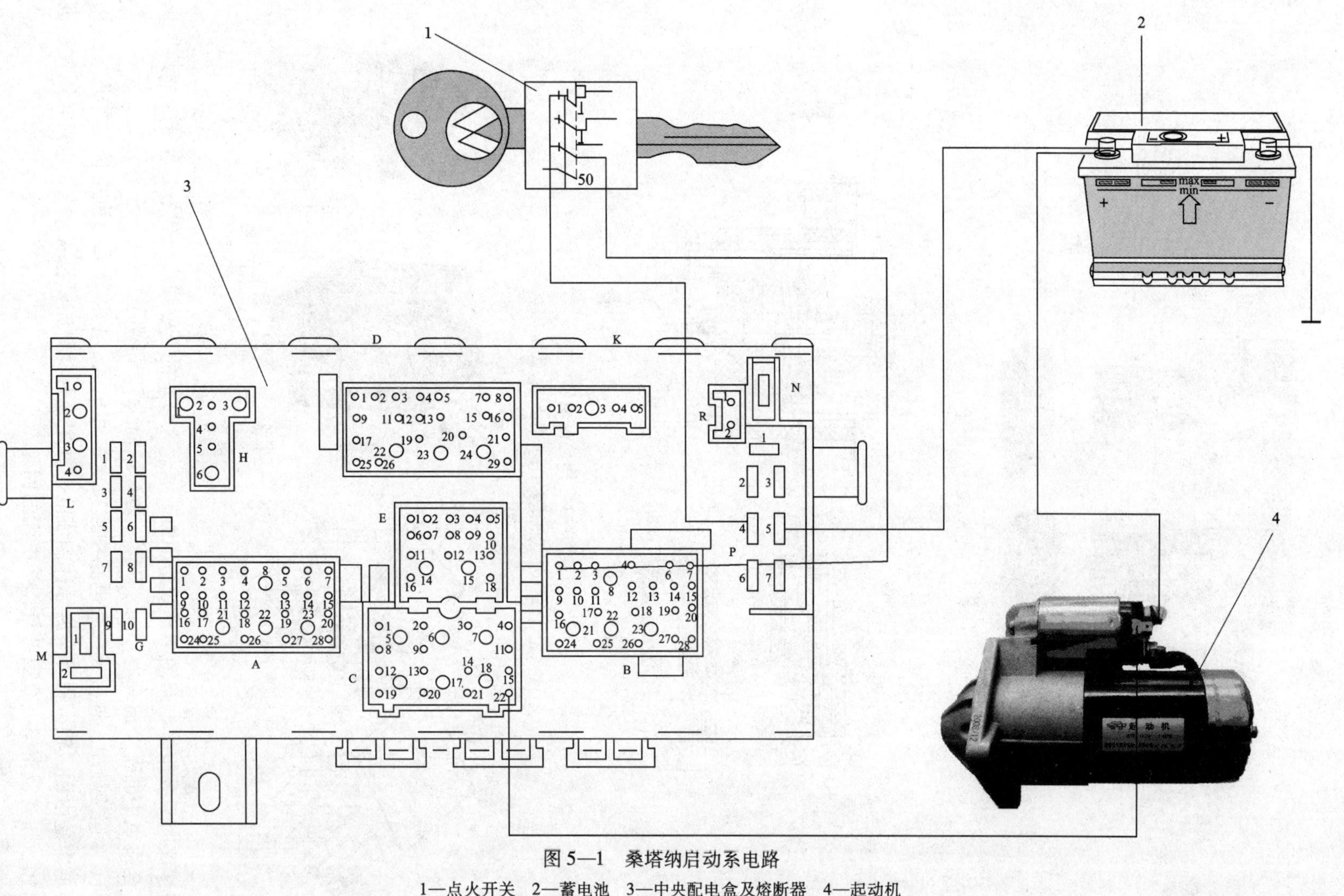

图 5—1　桑塔纳启动系电路

1—点火开关　2—蓄电池　3—中央配电盒及熔断器　4—起动机

图 5—2　熔断器

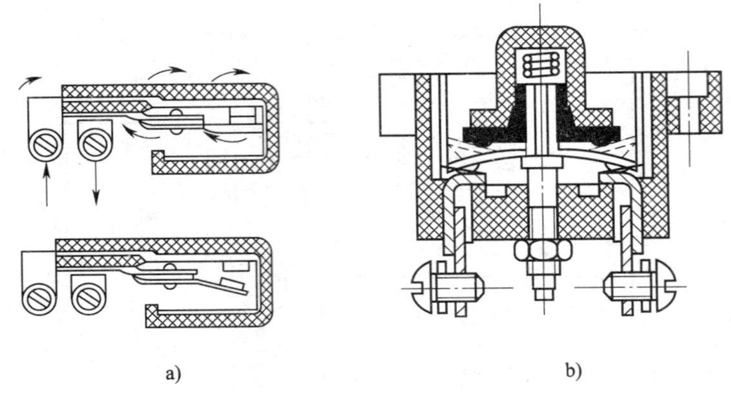

图 5—3　电路断电器

a）自动复位式断电器　b）手动复位式断电器

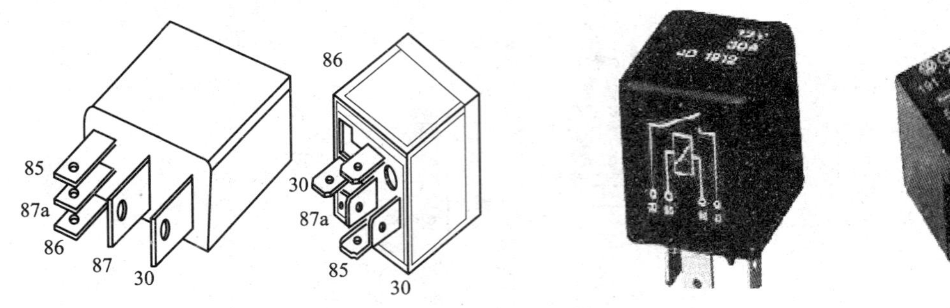

图 5—4　继电器

查找线路时只要根据电路图中导线与中央配电盒区域中的下框线交点代号，就能了解其导线在某全线束中的哪个插头上，如“C22”为 C 区插头 22 号端子。

（6）连接导线。连接导线在电路中连接电源和负载，起传输和分配电能的作用。连接导线通常是由铜、铝、银等金属导体制成的，并用绝缘材料加以包装。汽车电路还以发动机的机体、车身及车架等金属部分作为电流的回路。

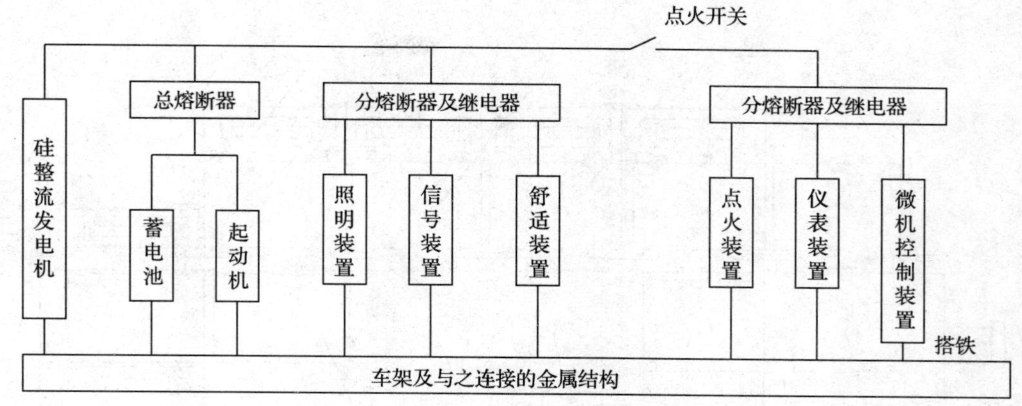

图5—5　汽车电器系统原理框图

二、汽车电路的基本特点

1. 两个电源

两个电源中一个是蓄电池，在使用发动机起动汽车和发电机不发电时为用电设备供电；另一个是发电机，发动机工作时为用电设备供电并对蓄电池充电。两个电源为并联连接关系。

2. 低压直流

汽车一般采用12 V电压，部分大功率柴油机采用24 V电压。低压直流电的优点是安全、电源简单，缺点是电功率小。由于蓄电池充放电时均采用直流电，另外也便于电子元件在汽车上的应用和控制，故采用直流电。

3. 并联单线，负极搭铁

汽车上的用电设备较多，并联电路可确保各支路的用电设备电压相等，相互独立，互不影响，这样线路布线清晰、安装方便、节约导线、排除故障方便。单线制是用电设备的正极均用导线连接，该导线称为“火线”，而将发动机、车身等金属机体作为公共负极，称之为“负极搭铁”（见图5—5）。随着非金属材料在汽车上的广泛应用，安装在非金属材料的用电设备则采用“双线制”。

电路中的电流都是从电源的正极流出，经导线、熔断器、控制开关等流向用电设备后，再由电气设备本身或负极导线搭铁，通过发动机、车身等金属机体流回电源负极而形成回路。如图5—7所示，开关闭合后电流流向为：电源“+”→熔断器→倒车开关→倒车灯→搭铁→电源“-”。

技能训练

训练1：认识桑塔纳轿车的主要电气设备，如蓄电池、发电机、起动机、开关、中央配电盒、继电器、熔断器、灯等部件的安装位置及相互关系（见图5—8）。

训练2：认识并写出图5—9中各个电器属于何种类型的电气元件，1 __________、2 __________ 3 __________、4 __________、5 __________。当2、5闭合后写出此电路电流的流向：________________________________。

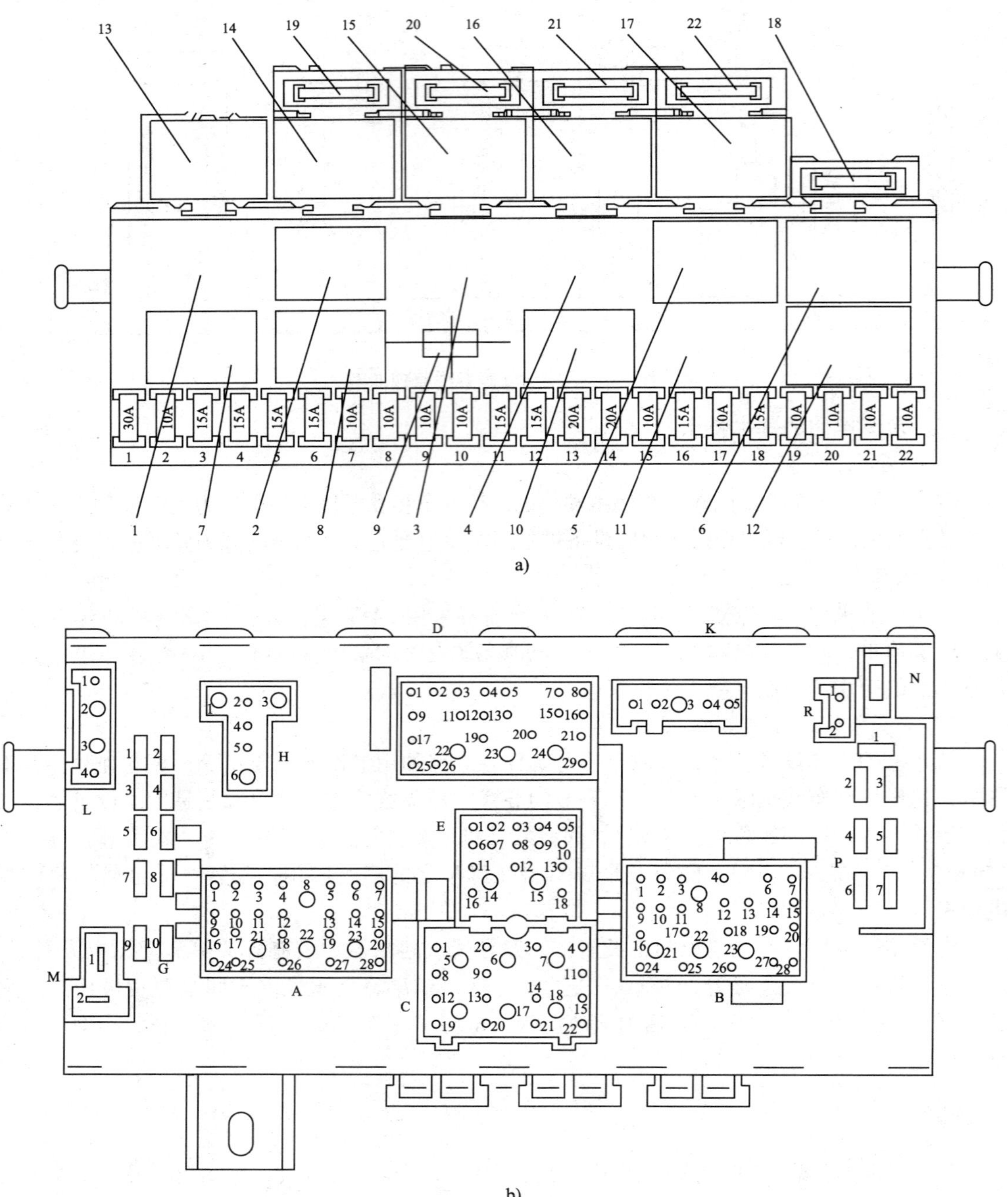

图 5—6　桑塔纳轿车中央配电盒图

a）正面（继电器和熔断器位置）　b）反面（接线端子区）

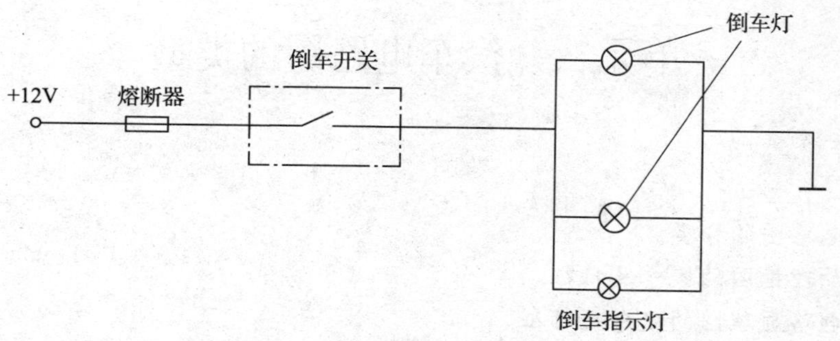

图 5—7　汽车倒车灯电路

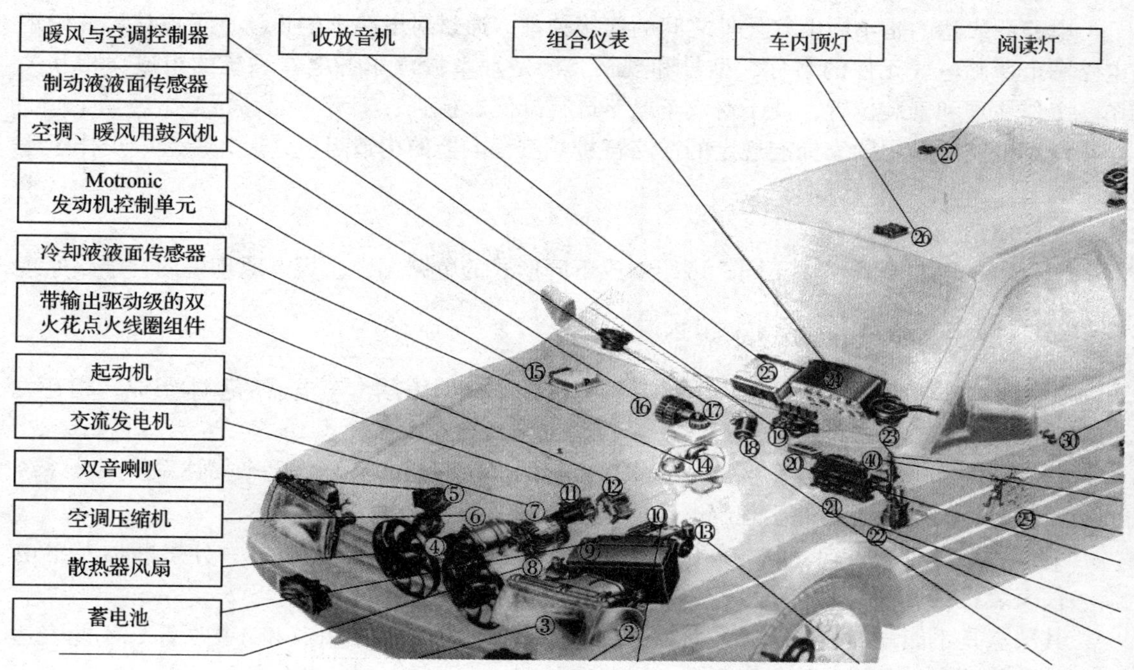

图 5—8　桑塔纳轿车的电器安装位置图

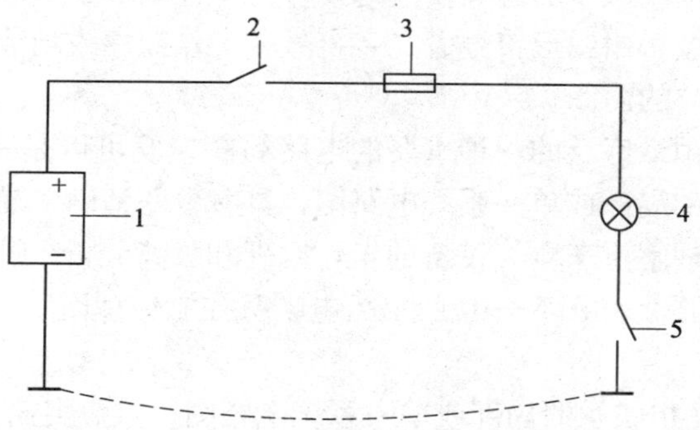

图 5—9　汽车电喇叭控制原理

单元二　汽车电路图的类型

学习目标

1. 熟悉电路图的分类。
2. 掌握原理框图的概念及特征。
3. 掌握电路原理图的概念及特征。
4. 掌握线路图的特点及特征。
5. 了解线束安装图的识读方法。

电路图表达的是不同电气元件之间的连接关系，通过对电路图的识读，可以认识并确定电路图上所画电气元件的名称、型号和规格，清楚地掌握汽车各电器系统的组成、相互关系、工作原理和安装位置，便于对汽车电路进行维修、检查、安装、配线等工作。

汽车电路图是用国家标准规定的线路符号对汽车电器的构造组成、工作原理、工作过程及安装要求所作的图解说明。

一、电路图的类型

根据汽车电路图的用途不同，可绘制成不同形式的电路图，主要有原理框图、电路原理图、线路图和线束安装图。

1. 原理框图

所谓原理框图，是指用图形符号或带注释的框图概略表示汽车电器的基本组成、相互关系及其主要特征的一种简图。

原理框图依据系统或分系统按功能依次分解的层次表达。从总体上来描述系统或分系统的主要特征，简洁明了，便于理解电路的基本原理及特点（见图5—5）。

如仪表系电流的方向：从电源正极“＋”→总熔断器→点火开关→分熔断器及继电器→仪表装置→搭铁→电源负极“－”，形成回路。

其缺点是不能详细表达实际设备或成套装置电路的全部基本组成和连接关系，不能表达电路的工作顺序或过程，不便于电路的分析和检修。

2. 电路原理图

电路原理图是根据国家颁布的有关技术标准，为了详细表示实际设备或成套装置电路的全部基本组成和连接关系，用图形符号、文字符号按工作顺序或功能布局绘制的，不考虑实际位置、形状和导线走向的简图。

它是电气技术中使用最广泛的一种重要的电路简图，既可以是一幅完整的全车电路图，也可以是一幅互相联系的局部或单一系统电路图，具有电路清晰、简单明了、便于理解电路原理的特点，对初学者理解汽车电气设备的工作原理和故障分析十分有利。

（1）单一系统电路图。如图5—10所示为电喇叭控制原理图。

它的特点是：

1）也可以是一幅互相联系的局部或单一系统电路图，重点突出，繁简适当。

2）图面简洁清晰，图形符号兼顾元件外形和内部结构，便于联想与分析，易读、易画。

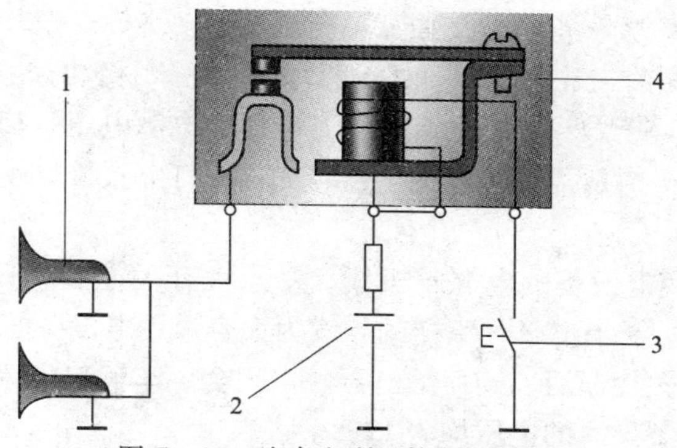

图 5—10　汽车电喇叭控制原理图

1—电喇叭　2—蓄电池　3—按钮开关　4—继电器

3）电路系统的相互关系清楚。各电气元件如蓄电池、熔断器、继电器、按钮开关、喇叭的接法与原图吻合。

（2）全车和局部电路图。如图 5—11 所示为大众桑塔纳时代超人局部电路图，图上建立

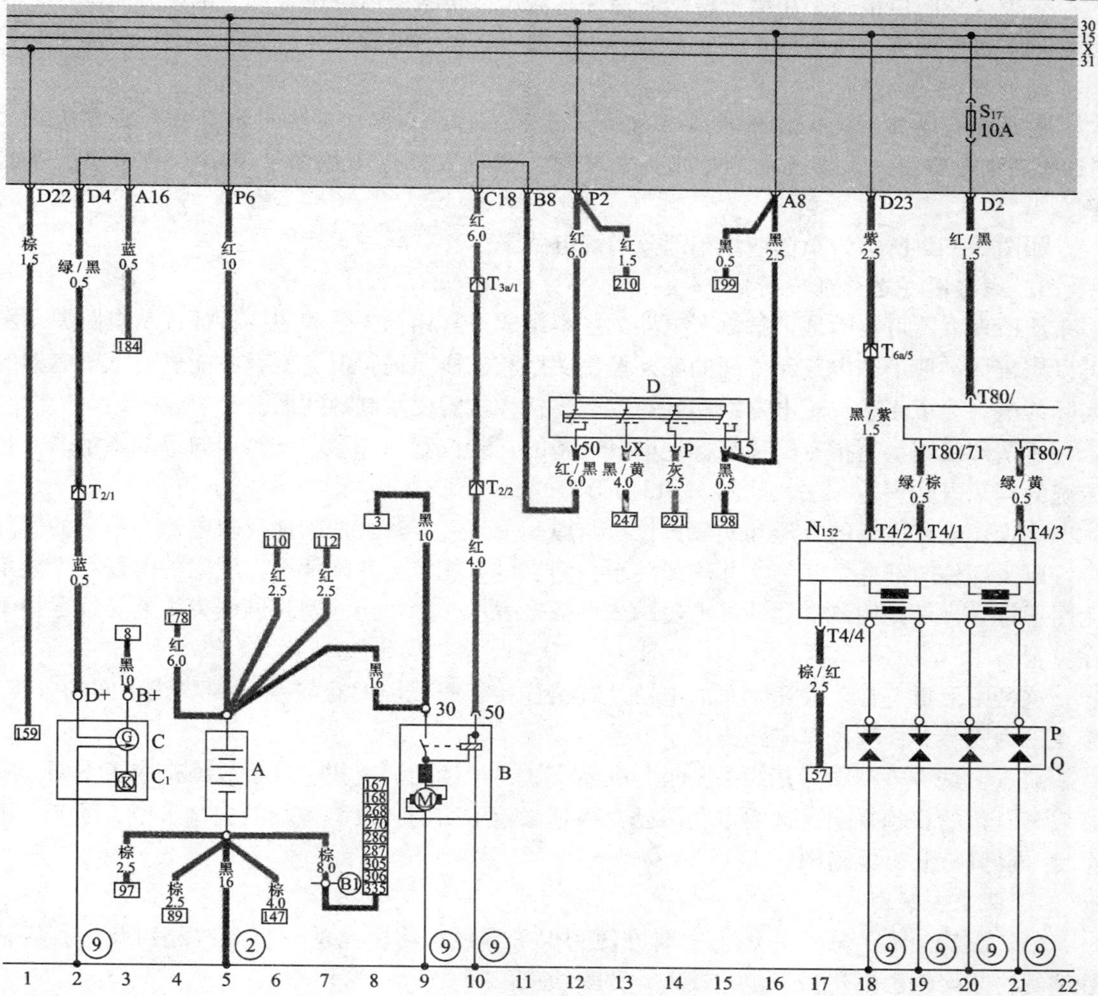

图 5—11　大众桑塔纳时代超人局部电路图

起电位高低的概念。图中数字符号含义如下：

“30”（最上面横线）—常火线，直接与蓄电池“+”极相连，中间不经过任何开关，不论发动机处于运行或处于熄火状态均有电，其电压为电源电压（12 V或14 V）；所连接的用电设备均为发动机熄火时所需要用电的电器，如停车灯、报警灯、制动灯、顶灯、冷却风扇电动机等。

“15”—为小功率用电设备的电源正极线，受点火开关控制。只有在点火开关接通后，用电设备才能通电使用。标有“X”字样的导线为大容量用电设备的电源正极线，受点火开关控制。只有在点火开关接通后、卸荷继电器触点闭合、车辆起步运行中才能使用的大容量电器所用电源线，这两条导线的电压均为12 V。

“31”—中央线路板内搭铁点，也称接地线。

再向下的长横线为中央电器接线盒位置号。如“D22”，为D区插头22号端子。再向下为电气设备符号，最下一条横线为搭铁线，线上的圈内数字为在汽车上搭铁的位置，如⑨搭铁点在中央继电器支架上，线下数字为线路位置编号。

正极火线电位最高，用最下面的一条导线表示，负极搭铁电位最低。电流方向基本上是从上到下，电流流向从电源正极→开关→用电器→搭铁→电源负极。

提示：

它是分析电器系统工作原理以及维修电器系统的最基本、最实用的资料，通常所说的“识读汽车电路图”主要就是针对此类电路图，也是汽车检测维修等技术人员必须要掌握的。

如图5—12所示为桑塔纳汽车部分系统电路图。

3. 线路图（也称敷线图）

从原理框图可概括地了解汽车电器的基本组成及其相互关系和主要特征，从电路原理图可以比较详细地了解电气元件间的相互控制关系和工作原理，但它们都不能表达汽车电器的实际情况，为了便于汽车电器线路的布置、连接，常需要绘制敷线图。

所谓敷线图，是指专门用来标记电气设备的安装位置、外形、线路走向等的指示图，是传统的汽车电路表达方法，如图5—13所示。

优点：电路设备的外形和实际方位都与原车一致，能直观清晰地反映电器在车上的实际位置以及部件与部件之间的实际连线关系，为了尽可能接近实际情况，图中的电器尽可能不用图形符号，而是用该电器的外形轮廓或特征来表示，图中还注意将同线束中的导线尽量画在一起。

这种图形重点在于表达整车的电器及线路连接，查线路时很容易找到导线中间的分支、接点，为安装和检测汽车电路提供了方便。

缺点：这种电路图因其线条密集，纵横交错，给读图、查找、分析故障带来了不便。随着汽车电路的日趋复杂，这类电路图已变得越来越不实用。目前，新的进口车型、国产引进车型中已鲜有此类电路图。

4. 线束安装图

（1）线束。在汽车上，为了安装方便和保护导线，将同路的许多导线相对集中，用棉纱编制物或聚氯乙烯塑料带包扎成束，称为线束。

蓄电池、起动机、点火开关　　发动机控制单元、霍尔传感器、冷却温度传感器、进气温度传感器　　单元、节气门控制部件，1、2缸爆震传感器

A — 蓄电池
B — 起动机
C — 交流发电机
C1 — 调压器
D — 点火开关
T2 — 发动机线束与发电机线束插头连接，2针，在发动机舱中间支架上
T3a — 发动机线束与前大灯线束插头连接，3针，在中央电器后面
② — 接地点，在蓄电池支架上
⑨ — 自身接地
B1 — 接地连接线，在前大灯线束内

G2 — 水温表传感器
G40 — 霍尔传感器
G62 — 冷却温度传感器
G72 — 进气温度传感器
J220 — Motronic发动机控制单元
N152 — 点火线圈
P — 火花塞插头
Q — 火花塞
S17 — 发动机控制单元熔断器10A
T4 — 前大灯线束与散热风扇控制器插头连接，4针，在散热风扇控制器上
T8a — 发动机线束与发动机右线束插头连接，8针，在发动机舱中间支架上
T80 — 发动机线束、发动机右线束与发动机控制单元插头连接，80针，在发动机控制单元上

④ — 接地点，在离合器壳上的支架上
⑨ — 自身接地
C1 — 连接线，在发动机右线束内
C3 — +5V连接线，在发动机右线束内

F60 — 怠速开关
G61 — 1，2缸爆震传感器
G69 — 节气门电位计
G88 — 节气门定位电位计
J220 — Motronic发动机控制单元
J338 — 节气门控制部件
T3e — 发动机右线束与1，2缸爆震传感器插头连接，3针，在发动机舱中间支架上
T8b — 发动机右线束与节气门控制部件插头连接，8针，在节气门控制部件上
T80 — 发动机线束、发动机右线束与发动机控制单元插头连接，80针，在发动机控制单元上
C1 — 连接线，在发动机右线束内

a)

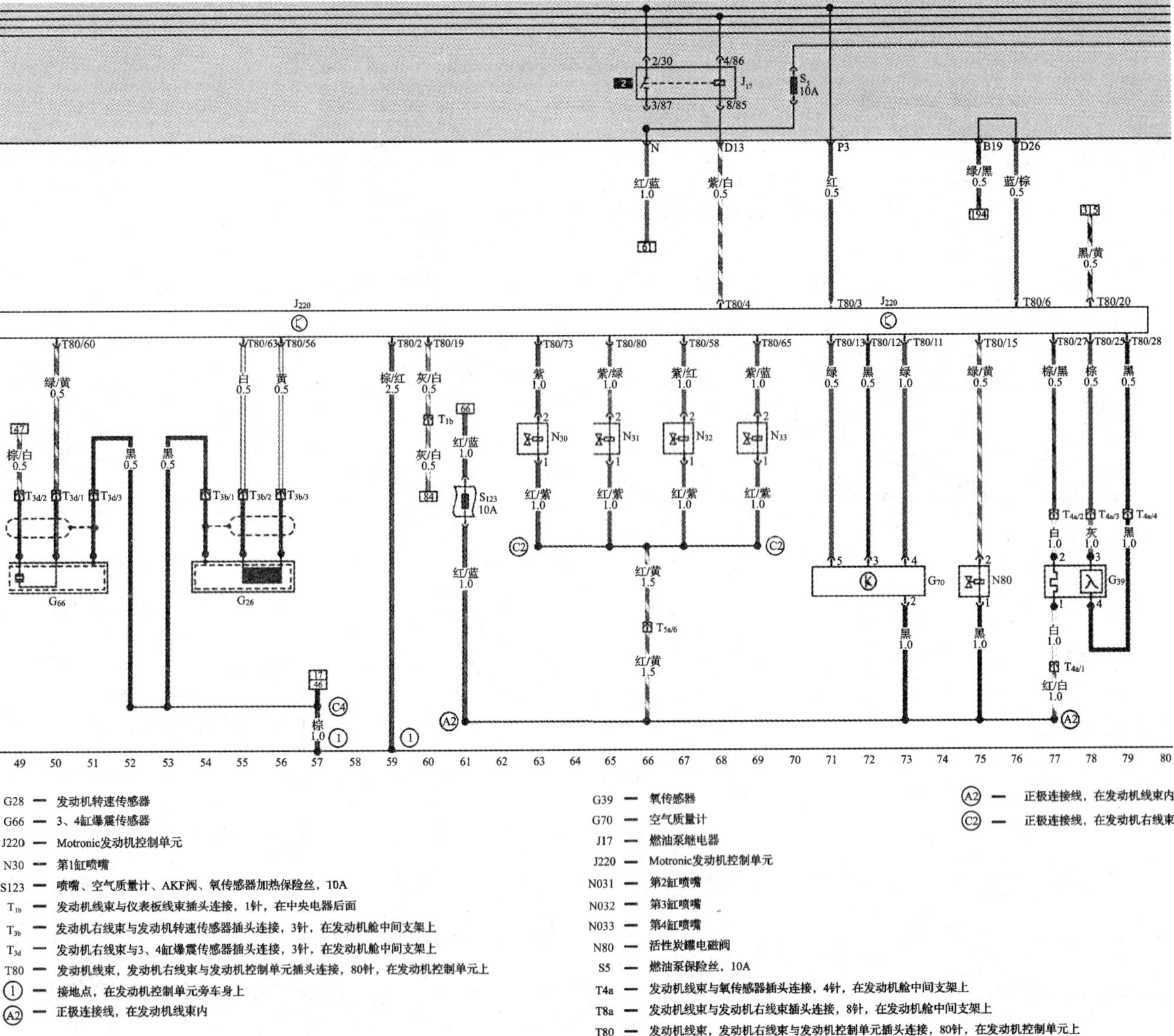

G28 — 发动机转速传感器
G66 — 3、4缸爆震传感器
J220 — Motronic发动机控制单元
N30 — 第1缸喷嘴
S123 — 喷嘴、空气质量计、AKF阀、氧传感器加热保险丝，10A
T_{1b} — 发动机线束与仪表板线束插头连接，1针，在中央电器后面
T_{3b} — 发动机右线束与发动机转速传感器插头连接，3针，在发动机舱中间支架上
T_{3d} — 发动机右线束与3、4缸爆震传感器插头连接，3针，在发动机舱中间支架上
T80 — 发动机线束，发动机右线束与发动机控制单元插头连接，80针，在发动机控制单元上
① — 接地点，在发动机控制单元旁车身上
(A2) — 正极连接线，在发动机线束内

G39 — 氧传感器
G70 — 空气质量计
J17 — 燃油泵继电器
J220 — Motronic发动机控制单元
N031 — 第2缸喷嘴
N032 — 第3缸喷嘴
N033 — 第4缸喷嘴
N80 — 活性炭罐电磁阀
S5 — 燃油泵保险丝，10A
T4a — 发动机线束与氧传感器插头连接，4针，在发动机舱中间支架上
T8a — 发动机线束与发动机右线束插头连接，8针，在发动机舱中间支架上
T80 — 发动机线束，发动机右线束与发动机控制单元插头连接，80针，在发动机控制单元上

(A2) — 正极连接线，在发动机线束内
(C2) — 正极连接线，在发动机右线束

b)

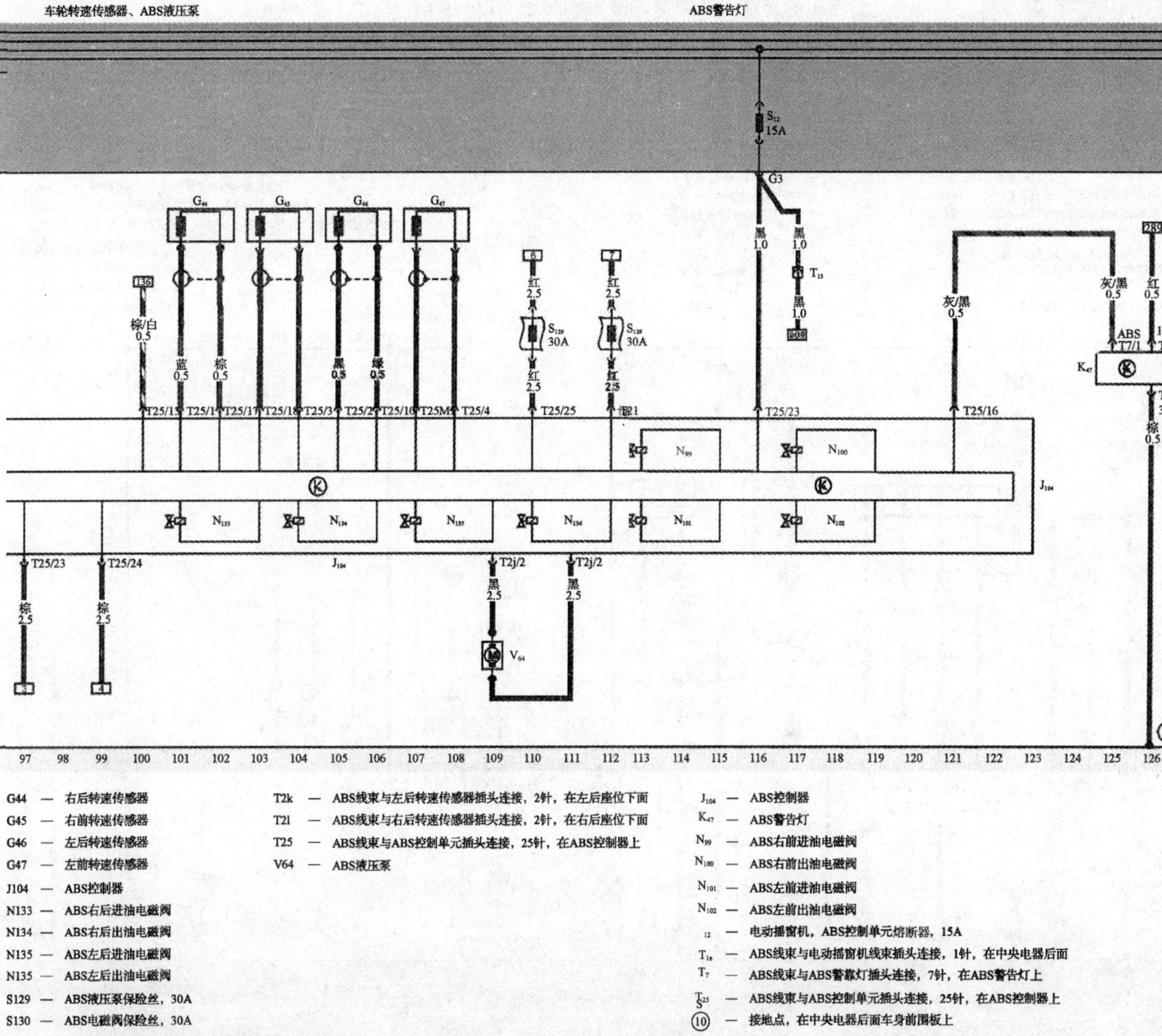

G44 — 右后转速传感器

G45 — 右前转速传感器

G46 — 左后转速传感器

G47 — 左前转速传感器

J104 — ABS控制器

N133 — ABS右后进油电磁阀

N134 — ABS右后出油电磁阀

N135 — ABS左后进油电磁阀

N135 — ABS左后出油电磁阀

S129 — ABS液压泵保险丝，30A

S130 — ABS电磁阀保险丝，30A

T2j — ABS液压泵与控制单元插头连接，2针，在ABS控制单元上

T2k — ABS线束与左后转速传感器插头连接，2针，在左后座位下面

T2l — ABS线束与右后转速传感器插头连接，2针，在右后座位下面

T25 — ABS线束与ABS控制单元插头连接，25针，在ABS控制器上

V64 — ABS液压泵

J_{104} — ABS控制器

K_{47} — ABS警告灯

N_{99} — ABS右前进油电磁阀

N_{100} — ABS右前出油电磁阀

N_{101} — ABS左前进油电磁阀

N_{102} — ABS左前出油电磁阀

12 — 电动摇窗机，ABS控制单元熔断器，15A

T_{1e} — ABS线束与电动摇窗机线束插头连接，1针，在中央电器后面

T_7 — ABS线束与ABS警靠灯插头连接，7针，在ABS警告灯上

T_{25} — ABS线束与ABS控制单元插头连接，25针，在ABS控制器上

⑩ — 接地点，在中央电器后面车身前围板上

c)

报警开关、手制动指示灯开关、自诊断插座、空调电磁离合器

空调A/C开关、风速开关、鼓风马达、散热风扇、室温开关、进风门电磁

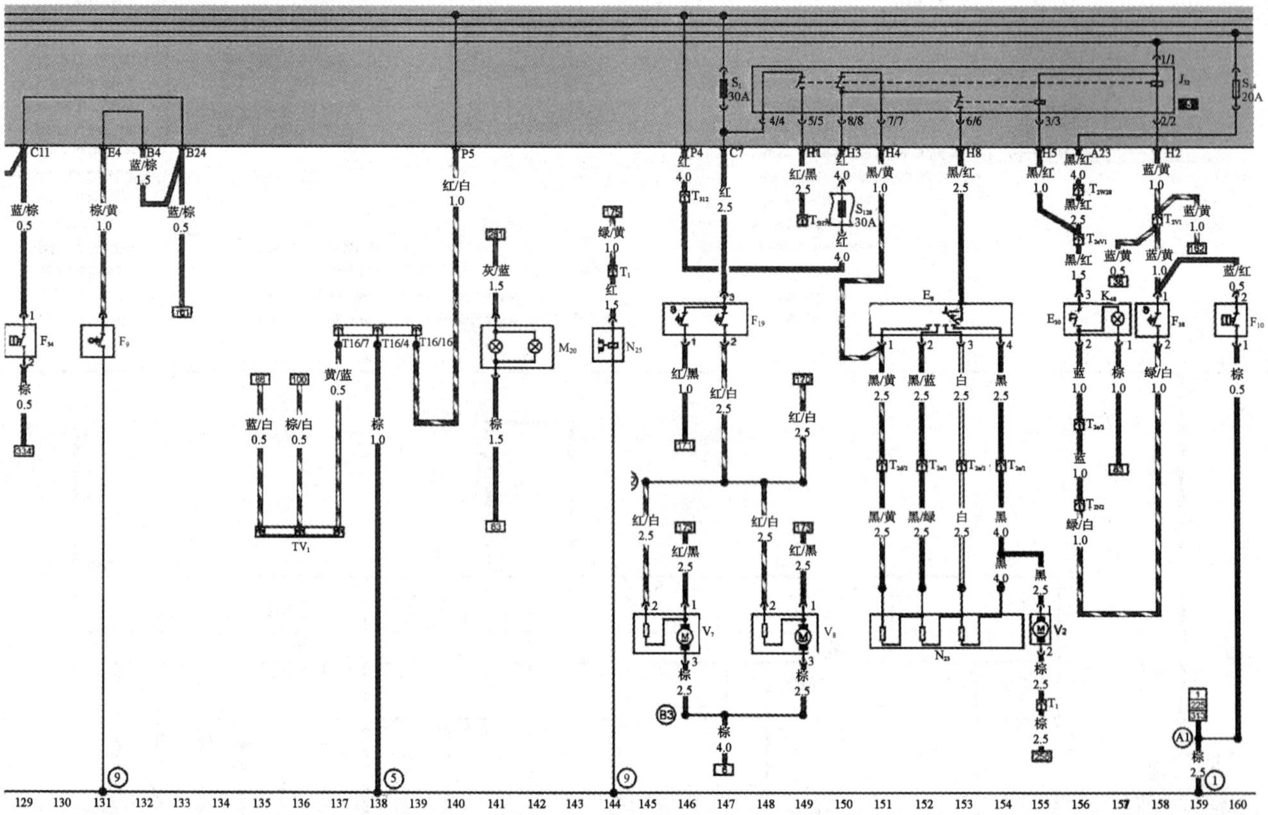

F9 — 手制动指示灯开关
F34 — 制动液位报警开关
M20 — 空调控制面板照明灯
N_{25} — 电磁离合器
T1 — 前大灯线束与压缩机电磁离合器插头连接，1针，在压缩机旁
T16 — 故障诊断仪插座，16针，在变速杆防尘罩下面
TV1 — 诊断线插座，附加插在中央电器13号位上
⑤ — 接地点，在中央电器左侧星形接地爪上
⑨ — 自身接地

F_{19} — 风速开关
E_{30} — 空调A/C开关
F_{10} — 散热风扇热敏开关
F_{38} — 室温开关
J_{32} — 空调断电器
K_{48} — 空调A/C开关指示灯
N_{23} — 鼓风马达减速电阻
N_{63} — 进风门电磁阀
S_1 — 散热风扇熔断器(不用空调时)，30A
S_{14} — 空调继电器熔断器，20A
S_{128} — 空调鼓风马达熔断器，30A
T_1 — 空调鼓风马达线束与仪表板线束插头连接，1针，在中央电器后面
T_{2c} — 空调操纵结束与空调鼓风马达线束插头连接，2针，在油门踏板上方

T2d — 空调操纵线束与空调鼓风马达线束插头连接，2针，在油门踏板上方
T2e — 仪表板开关结束与空调操纵线束插头连接，2针，在空调操纵面板后面
T2f — 发动机线束与空调操纵线束插头连接，2针，在中
T3f — 空调纵操纵线束与发动机线束插头连接，3针，在
T29 — 仪表板线束与仪表板开关线束插头连接，29针，在
V2 — 鼓风马达
V7 — 左散热风扇
V8 — 右散热风扇
① — 接地点，在发动机控制单元旁车身上
Ⓐ1 — 接地连接线，在发动机束速内
Ⓑ2 — 连接线，在前大灯线束内
Ⓑ3 — 接地连接线，在前大灯线束内

d)

图 5—12　桑塔纳汽车时代超人主要系统电路图

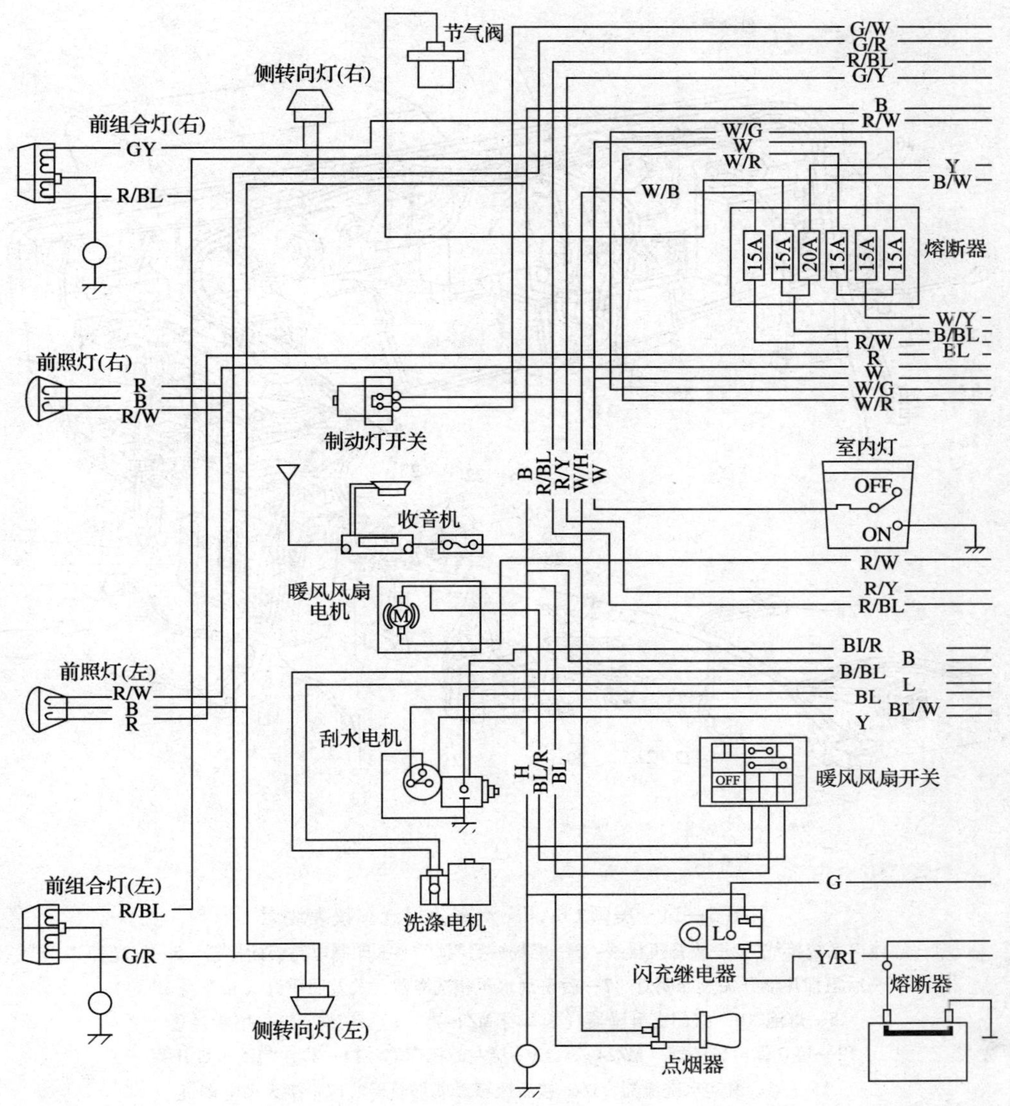

图 5—13 局部线路图

(2) 线束安装图。根据电气设备在汽车上的实际安装部位绘制的全车电路图称为线束安装图。在图上，部件与部件间的导线以线束形式出现，线束图与敷线图相似，但简单明了，接近实际情况，对安装、使用和维修适用性较强，如图 5—14 所示为美国 Chrysler 汽车公司汽车仪表线束。

线束安装图不详细描述线束内部的导线走向，只将露在线束外面的线头与接插器详细编号，并用字母标定。配线记号的表示方法突出，便于配线，各接线端都用序号和颜色准确无误地标注出来。

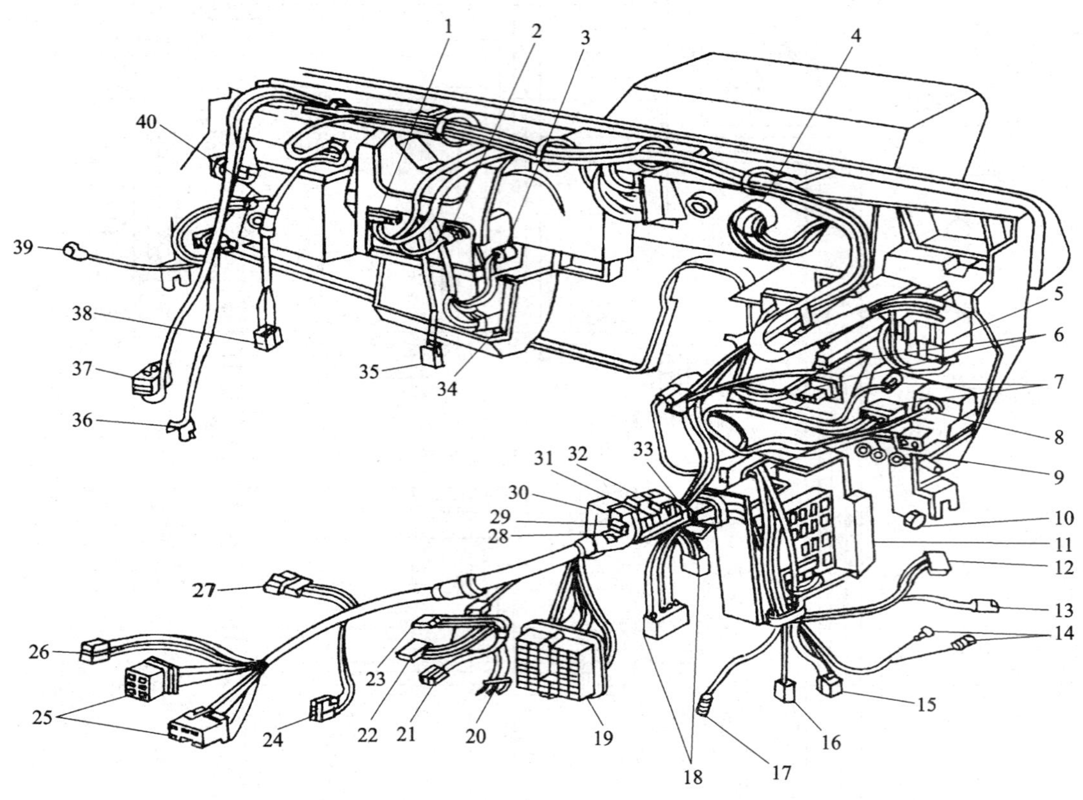

图 5—14　美国 Chrysler 汽车公司汽车仪表线束

1—立体声系统接线　2—收音机接线　3—烟灰缸照明灯　4—印制电路板插接器　5—灯光开关
6—后窗加热器开关及照明灯　7—后窗刮水器和洗涤器开关及照明灯（长车身 MZ44）
8—灯泡　9—接门窗升降器（长车身 MZ24）　10—搭铁　11—熔断器盒
12—接立体声扬声器（MZ24）　13—接左门扬声器　14—接左门踏步灯开关
15—接后窗刮水洗涤器　16—接后风窗玻璃加热器　17—接天窗电动机
18—接车身线束　19—分开的中央可过线的插接器　20—接车速控制伺服机构
21—接车速控制离合器开关　22—接车速控制制动线路
23—接车速控制开关线路　24—接停车灯开关　25—接点火开关
26—接前照灯变光开关　27—接附件灯泡　28—接转向信号开关
29—接间歇式刮水器　30—接点火开关照明灯　31—接刮水器开关
32—接钥匙照明灯　33—接钥匙忘拔蜂鸣器　34—点烟器
35—暖风电动机变速电阻机　36—接右边前门电阻
37—接空调鼓风电动机变速电阻
38—接暖风　39—接踏步灯开关
40—杂物箱照明灯

提示：

线束安装图与线路图结合起来使用，具有很大的参考价值。所以，现代汽车维修手册中一般都给出线路图和线束安装图。

汽车线束安装图由多个线束组成，有主线束，还有分线束。由于汽车上的电器数量多而复杂，因此，各个连接点都应标注接线代号和接线标志，以便于连接。由于线束有多条，线束与线束、分支与线束或分支与电器之间都是通过插接器进行连接的。如图 5—15 所示。

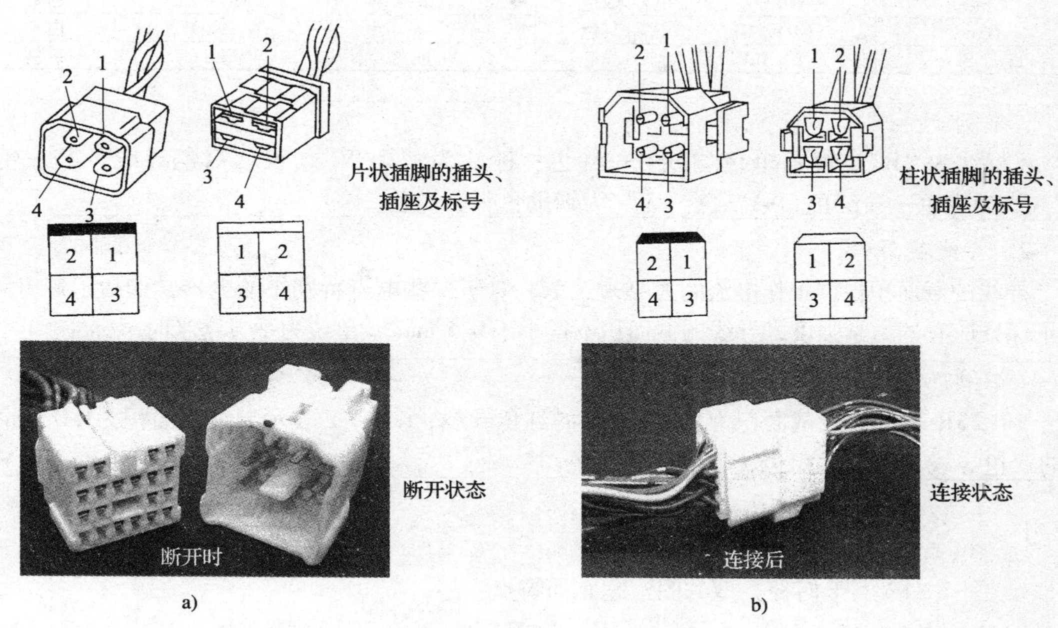

图 5—15 插接器

二、电路图中符号的含义

1. 导线颜色

单色导线：绝缘表面为一种颜色的导线。

双色导线：绝缘表面为两种颜色的导线。

主色：双色导线中面积比例大的颜色。

辅助色：双色导线中面积比例小的颜色。

如图 5—16 所示该导线主色为白色，辅助色为红色。

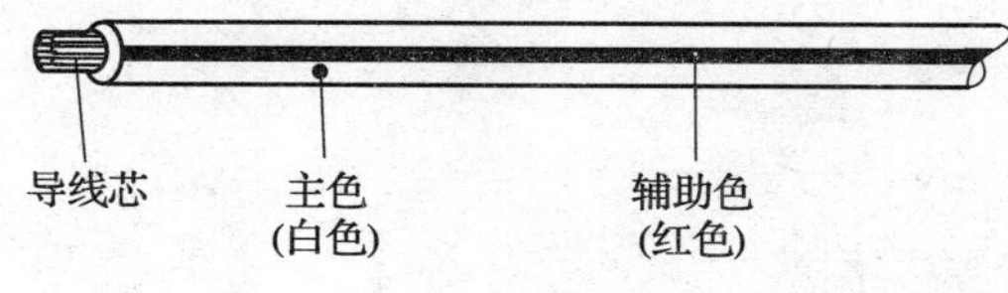

图 5—16 双色导线

导线颜色在电路图中有的直接标出颜色，如图 5—11 所示；有的则用字母表达，如图 5—13 所示，其符号含义见表 5—1。

表 5—1　　**导线的颜色及符号**

线色	常用缩写	中文	线色	常用缩写	中文
Black	BLK/B	黑色	Light Green	LT GRN	浅绿
Blue	BLU/BL	蓝色	Orange	ORG/ O	橙色
Brown	BRN/BR	棕色	Pink	PNK/P	粉红
Clear	CLR/CL	透明	Purple	PPL/PP	紫色
Dark Blue	DK BLU	深蓝	Red	RED/R	红色
Dark Green	DK GRN	深绿	Tan	TAN/T	褐色
Green	GRN/G	绿色	Violet	VIO/ V	粉紫
Gray	GRY/ GR	灰色	White	WHT//W	白色
Light Blue	LT BLU	浅蓝	Yellow	YEL/Y	黄色

举例：

标注为“R”，表示单色导线——红色；标注为“R/W”，表示双色导线，第一色“R”为主色——红色，第二色“W”为辅助色——白色。

2. 导线截面积

导线的截面积根据工作电流的大小来选取，对于一些电流特别小的电器，如指示灯电路，为了保证应有的力学强度，导线的截面积不得小于0.5 mm^2，单位为平方毫米时不标注。

举例：

1.25R 表示导线截面积为1.25 mm^2 的红色导线；1.0G/Y 表示导线截面积为1.0 mm^2 的双色导线，主色为绿色，辅助色为黄色。

练习

1. 图 5—17 属于何种类型的图？它有何特点？

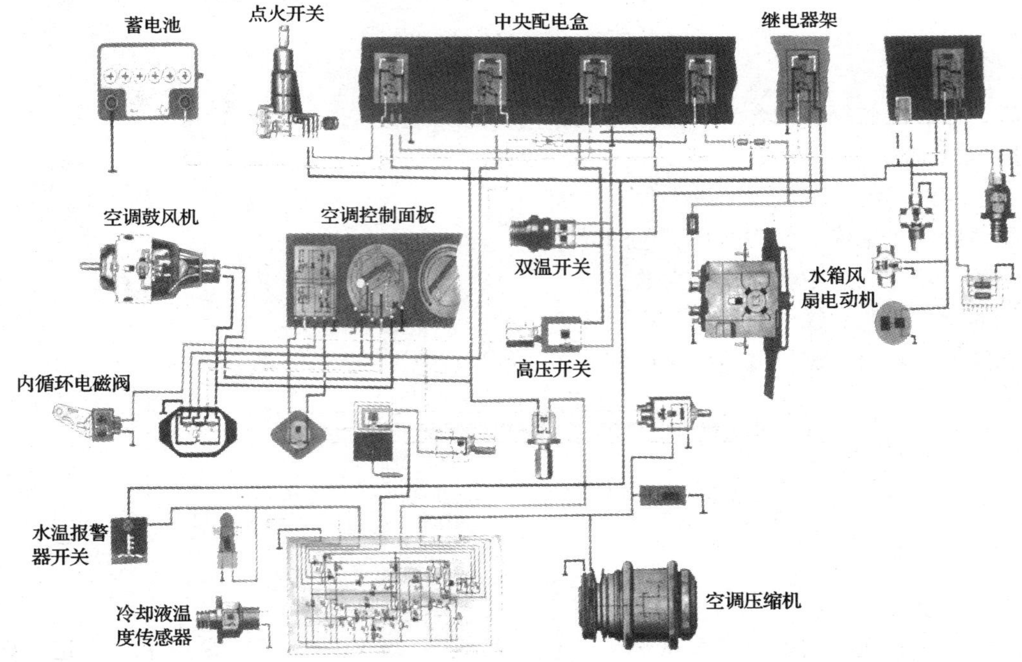

图 5—17

2. 图 5—18 属于何种类型的图？它有何特点？图中蓄电池与起动机间的导线为______，是______色；起动机与起动继电器间的导线为______，主色为______色，辅助色为______色；点火开关与 30 A 的熔断器间的导线为______，主色为______色，辅助色为______色。

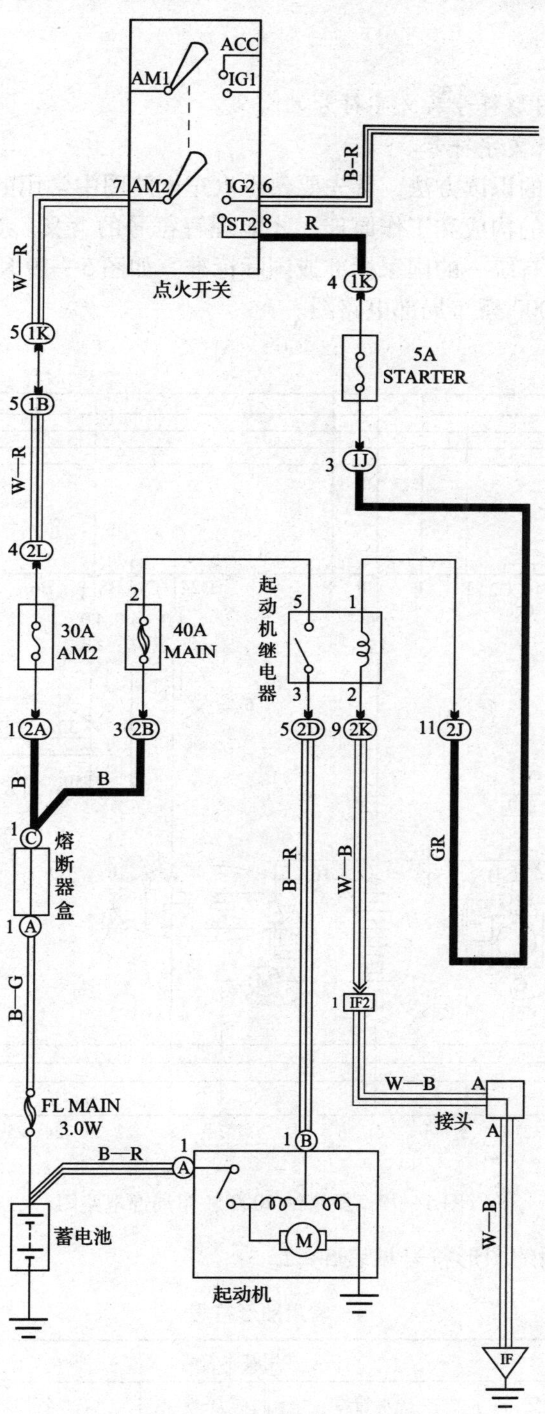

图 5—18 丰田汽车局部电路图

单元三　汽车电路的表达方法

学习目标

1. 掌握电路图的图形符号及文字符号的含义。

2. 识读图形符号及文字符号。

要掌握汽车电路图的识读方法，首先要熟悉汽车电路图中常用的各种图形符号、文字符号和数字符号及其表示的构成和工作原理，才能理解符号的含义。为使电路图具有通用性，图形符号和文字符号具有统一的国家标准或国际标准。如图 5—19 所示为用图形符号和文字符号所表示的桑塔纳 2000 轿车局部电路图。

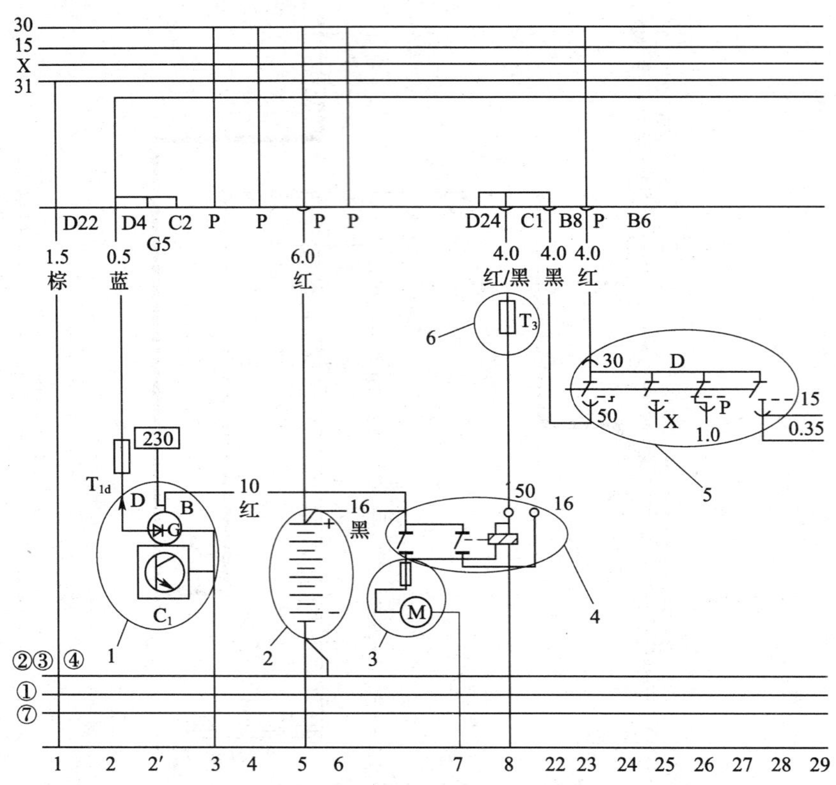

图 5—19　桑塔纳 2000 轿车局部电路图

汽车电路图中常用的图形符号见表 5—2。

表 5—2　　**常用图形符号**

一、常用基本符号					
序号	名称	图形符号	序号	名称	图形符号
1	直流	—	2	交流	～

续表

序号	名称	图形符号	序号	名称	图形符号
一、常用基本符号					
3	交直流	 ～	7	磁场	**F**
4	正极	+	8	搭铁	⊥
5	负极	—	9	交流发电机输出接柱	**B**
6	中性点	**N**	10	磁场二极管输出端	**D_+**
二、导线端子和导线连接					
11	接点	●	15	端子	○
12	导线的分支连接		16	导线的连接	
13	导线的交叉连接	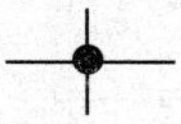	17	插头和插座	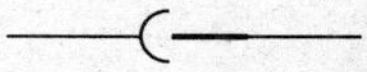
14	接通的连接片				
三、触点开关					
18	动合（常开）触点		25	热敏开关动断触点	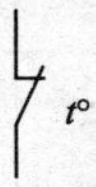 t°
19	动断（常闭）触点		26	液位控制	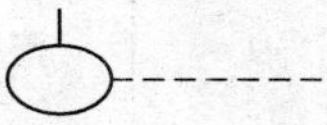
20	先断后合的触点		27	温度控制	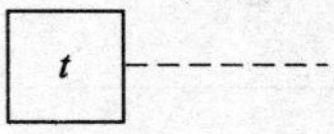 t
21	中间断开的双向触点		28	凸轮控制	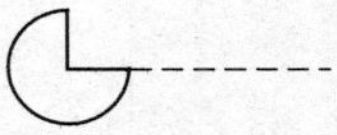
22	双动合触点		29	联动开关	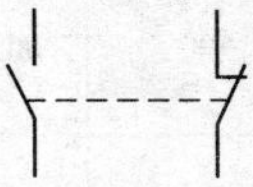
23	机油滤清器报警开关	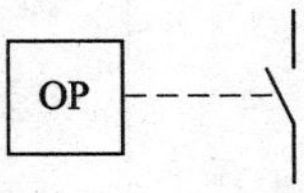 OP	30	手动开关的一般符号	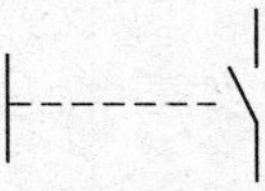
24	热敏开关动合触点	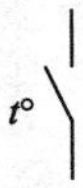 t°	31	定位开关（非自动复位）	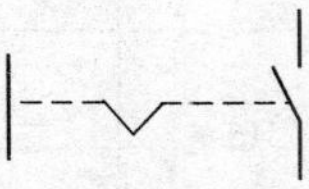

序号	名称	符号	序号	名称	符号
三、触点开关					
32	按钮开关	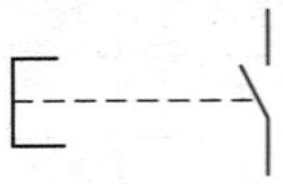	35	钥匙开关（全部定位）	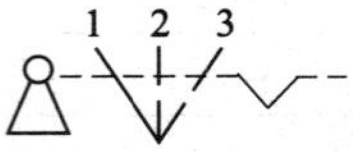 1 2 3
33	旋转操作	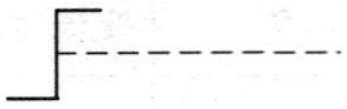	36	多挡开关、点火、起动开关，瞬时位置为2能自动返回到1（即2挡不能定位）	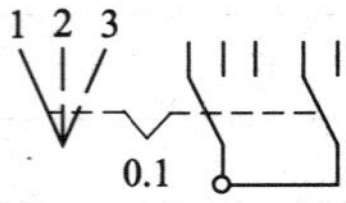 1 2 3 0.1
34	旋转多挡开关位置	 1 2 3			
四、电器元件					
37	电阻器	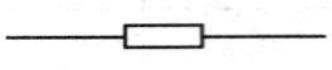	47	半导体二极管	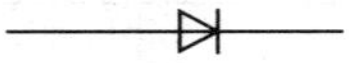
38	可变电阻器	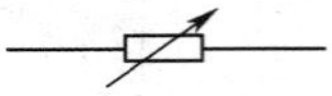	48	稳压二极管	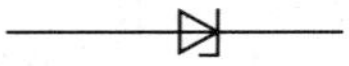
39	压敏电阻器	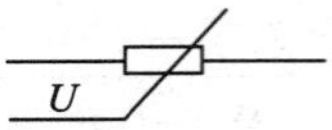 U	49	光电二极管	
40	热敏电阻器	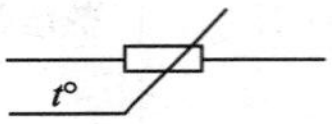 t°	50	发光二极管	
41	滑线式变阻器	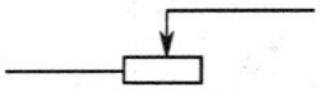	51	PNP型三极管	
42	光敏电阻		52	具有两个电极的压电晶体	
43	熔断器	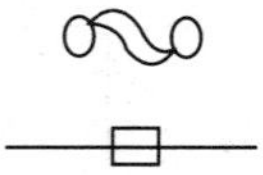	53	电感器、线圈、绕组、扼流圈	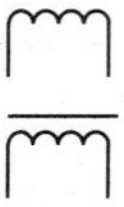
44	加热元件、电热塞		54	永久磁铁	
45	电容器 可变电容器	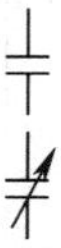	55	常开触点继电器	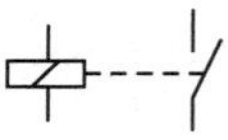
46	三极晶体闸流管		56	常闭触点的电器	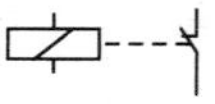

五、仪表					
57	电压表	V	60	转速表	n
58	电流表	A	61	温度表	t°
59	油压表	OP	62	燃油表	Q
六、传感器					
63	空气质量传感器	m	69	空气流量传感器	AF
64	温度表传感器	t°	70	氧传感器	λ
65	空气温度传感器	t_{n}°	71	爆震传感器	k
66	水温传感器	t_{w}°	72	转速传感器	n
67	燃油表传感器	Q	73	速度传感器	v
68	油压表传感器	OP	74	空气压力传感器	AP
七、电气设备					
75	照明灯、信号灯、仪表灯、指示灯	⊗	79	闪光器	G
76	双丝灯		80	霍尔信号发生器	
77	电喇叭		81	磁感应信号发生器	
78	脉冲发生器	G	82	点火线圈	

七、电气设备					
83	分电器	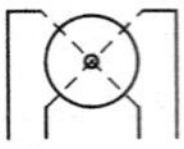	97	定子绕组为星形联结的交流发电机	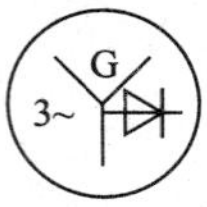 G 3~
84	火花塞		98	整体式交流发电机	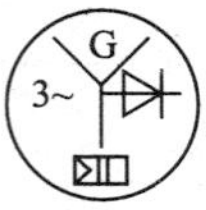 G 3~
85	电磁阀的一般符号	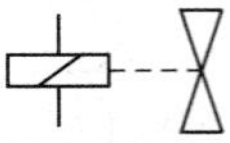	99	集电环或换向器上的电刷	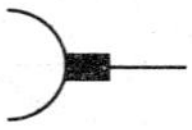
86	常开电磁阀	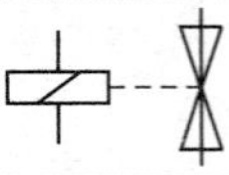	100	直流电动机	 M
87	常闭电磁阀	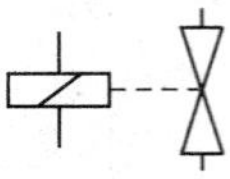	101	串励直流电动机	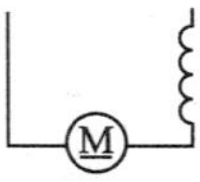 M
88	电磁离合器	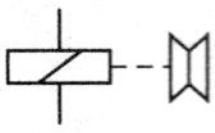	102	并励直流电动机	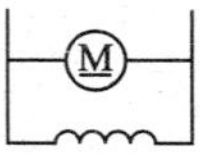 M
89	加热器（出霜器）	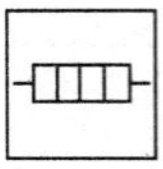	103	永磁直流电动机	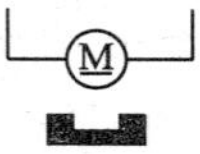 M
90	电压调节器	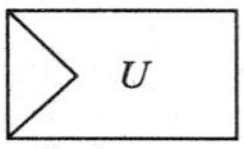 U	104	燃油泵电动机、洗涤电动机	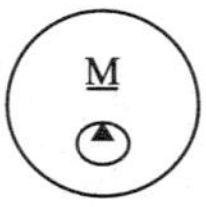 M
91	温度调节器	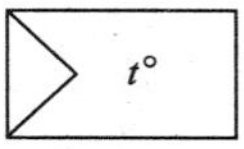 $t°$	105	风扇电动机	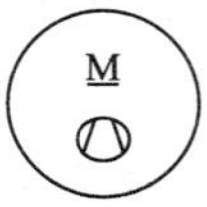 M
92	过电压保护装置	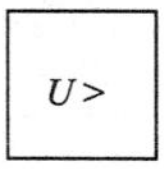 $U>$	106	刮水电动机	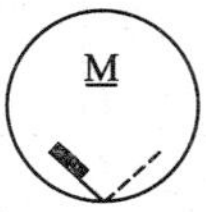 M
93	蓄电池	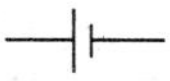	107	用电动机操纵的怠速调整装置	 M
94	直流发电机	 G	108	直流伺服电动机	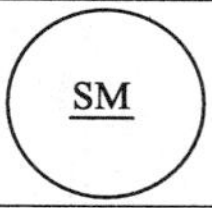 SM
95	星形联结的三相绕组	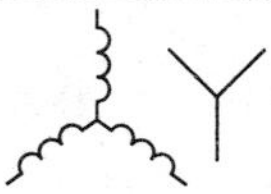	109	防盗报警系统	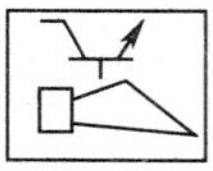
96	三角形联结的三相绕组		110	稳压器	 U const

练习

1. 读出图 5—19 中 1 ~6 所代表的符号含义，并填入表中。

1		4	
2		5	
3		6	

2. 写出图 5—20 中 1 ~17 所代表的含义，并填入表中。

1		10	
2		11	
3		12	
4		13	
5		14	
6		15	
7		16	
8		17	
9			

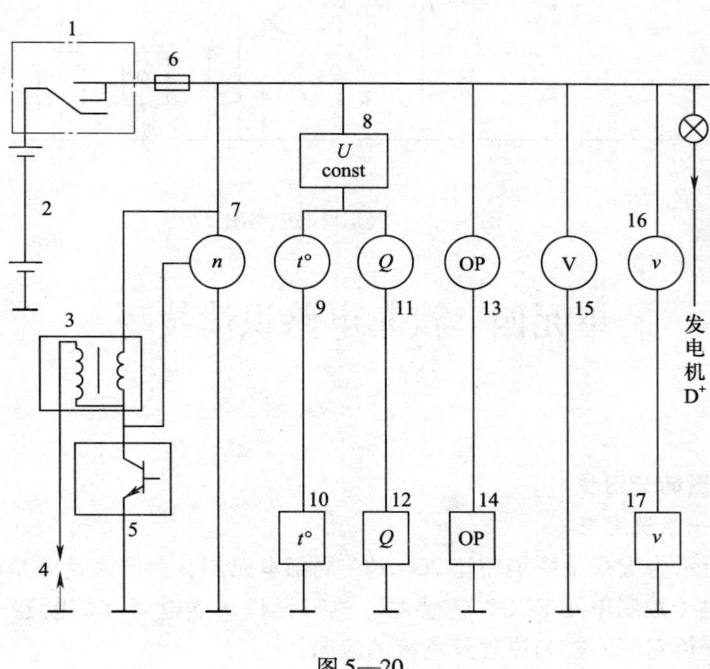

图 5—20

3. 写出图 5—21 中 1 ~ 8 图形符号所代表的含义，并填入表中。

1		5	
2		6	
3		7	
4		8	

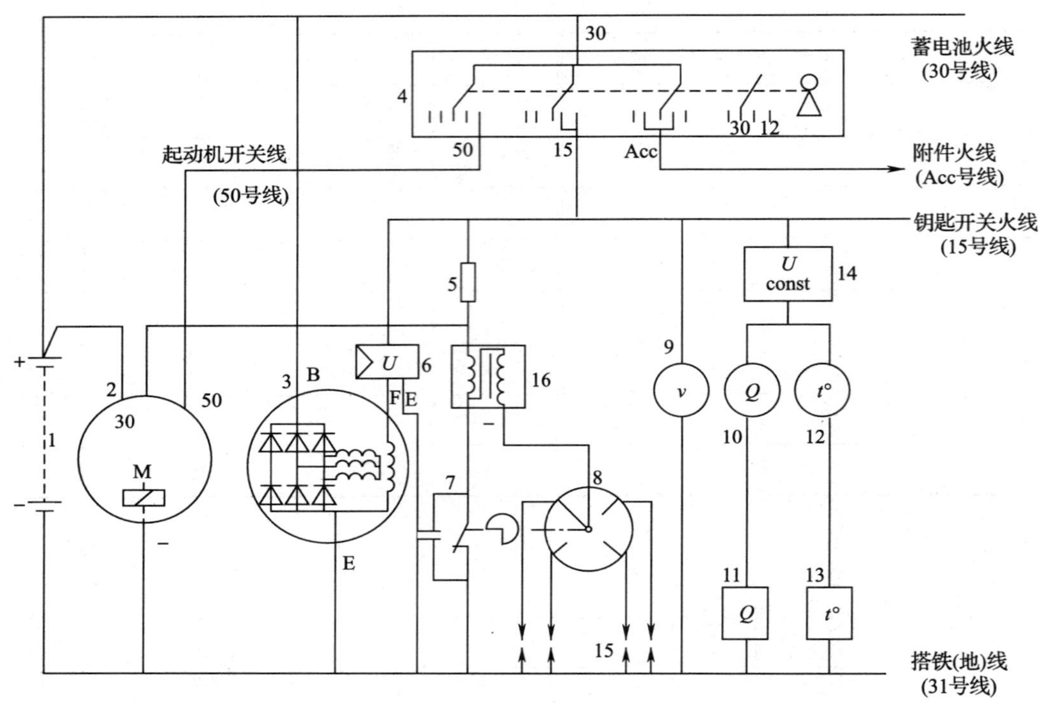

图 5—21 汽车局部电路图

单元四 汽车电路识读技巧

学习目标

1. 掌握电路图的读图技巧。

2. 能识读单一系统电路。

如图 5—22 所示为大众桑塔纳轿车 2000GSI 局部电路图，此图表达的是电控发动机的局部电路图，包含电子控制单元 ECU、传感器、执行元件、继电器和熔断器等。试拆分出供油系电路图，并分析它们的控制原理及电流的流向。

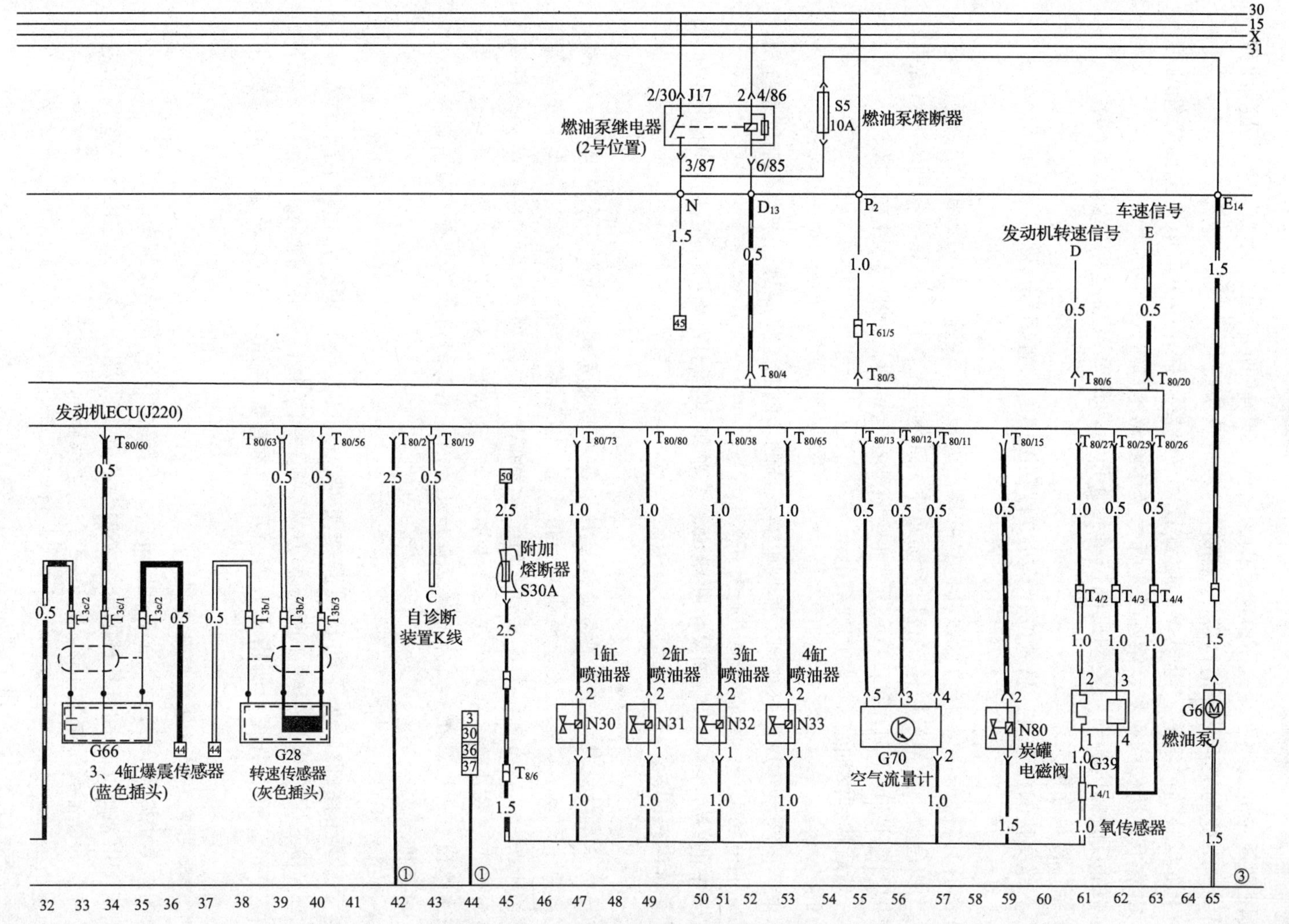

图 5—22 大众桑塔纳轿车 2000GSI 局部电路图

G70—空气流量计 J17—燃油泵继电器（在继电器板上的 2 号位） J220—发动机电控单元（在发动机室的防护罩内） N30—1 缸喷油器 N31—2 缸喷油器 N32—3 缸喷油器 N33—4 缸喷油器 S5—熔断器（10 A） T80—80 孔插头（在发动机电控单元上）

①—发动机搭铁点（在发动机 ECU 的旁边） ②—中央线路板测星形搭铁插座

一、读图技巧

1. 纵览全图

开始读图必须先读电路图注，了解电路图的名称，明确图形符号的含义，建立元器件和图形符号间一一对应的关系，弄清楚各电器部件的数量及功用。

在图的上部反映的内容有：继电器的位置号、继电器名称，中央配电盒上插接件的符号、中央配电盒上连接件的符号、熔断器坐标号及熔断器容量等。

在图的中部反映的内容有：发动机电控单元（ECU）J220 及插座标号、熔断器标号及容量、传感器名称及连接关系等。

在图的下部反映的内容有：搭铁位置及元器件在图中的位置编号，即“地址码”。

2. 明确目标

各系统都有其自身的一些特点，以其自身的特点为指导，快速、准确地找出系统所含电器在图上的大概位置、数量及用途，找出系统元件。既然是供油系，首先要找到燃油系统中的喷油器，即图中 N30、N31、N32、N33 为 4 个喷油器电磁阀，分别代表 1 缸、2 缸、3 缸、4 缸喷油器，然后找到燃油泵 G6 和燃油继电器 J17。

3. 化整体为局部

化整体电路图为系统局部电路图。根据电路系统的功能和工作原理，把整车电气系统划分成若干独立的电路系统，有重点地进行分析。

图 5—23 中的燃油泵 G6、燃油泵熔断器 S5、燃油继电器 J17 及 4 个喷油器电磁阀构成独立的供油系统电路图。

提示：

汽车电路的基本特点是：单线制、负极搭铁、各用电器互相并联。各系统（局部）电路，例如电源系、起动系、点火系、照明系、信号系、仪表系、安全舒适系、微机控制系等都有其自身的一些特点，看电路要以其自身的特点为指导，去分解并剖析全车电路，这样做会少一些盲目性，能较快速、准确地识读汽车电路图。开始时，如有必要，须认真地读几遍图注，对照线路图查看电器在车上的大概位置和数量以及电器的用途，检查有没有新型号电器，如有，应加倍注意。

4. 理清连接关系

对于庞大复杂的电路，为了防止线路交叉错乱，又方便读图，在电路图下都标有“地址”码。如图 5—23 中指引线 2 所指小方格“□”内 45，表示与此处相连的在最下横线的 45 位置处，而指引线 4 所指小方格“□”内有数字 50，即 45 导线与 50 导线相连。

5. 以中央配电盒为中心分析控制原理

大众公司汽车电路图在表示线路走向的同时，还表达了线路的结构情况。

（1）中央配电盒的正向插有各种继电器和熔断器（参见图 5—6a）。在图 5—23 所示电路图中 2 号位置为燃油泵继电器 J17。表 5—3 介绍了线路的结构情况。

（2）中央电器接线盒位置号含义（见图 5—23）。

“N”为电源线束区，燃油继电器闭合后，端子电压为 12 V。

“D_{13}”为 D 区插头 13 号端子，连接电控单元 $T_{80/4}$。

“P_2”为常火线 P 区 2 号端子，直接连接蓄电池正极，向电控单元 ECU 供电。

表 5—3 线路的结构情况

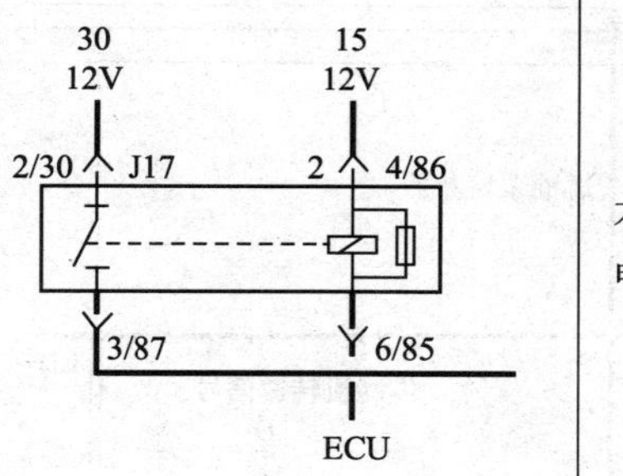	不通电时	燃油泵继电器 J17，标有 2/30、3/87、4/86、6/85 等数字；其中分子 2、3、4、6 是指中央配电盒插孔代号，分母 30、85、86、87 是指继电器的插脚代号，2/30、3/87、4/86、6/85 就表示出了继电器插脚与插孔的配合关系。2/30 与常火线 30 相连，常有电，是供电端子
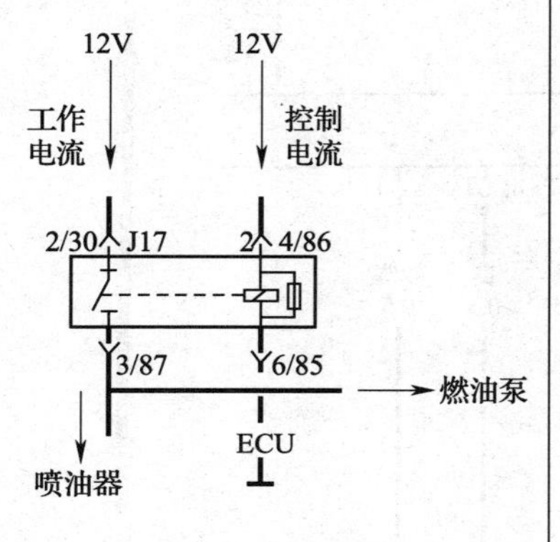	通电时	4/86 与由点火开关控制的火线 15 相连，点火开关闭合后，此端子有 12V 电压 6/85 与电控单元 ECUT80/4 相连，由电控单元 ECU 控制继电器的搭铁端 当电控单元 ECU 检测到发动机转速信号和空气流量信号后，电控单元 ECU 端内部导通接地，控制电流通过继电器线圈，产生磁场，使继电器常开触点闭合，2/30 和 3/87 导通，工作电流（大电流）通过，为用电设备（燃油泵、喷油器）供电

“E_{14}”为 E 区 14 号端子，接电动燃油泵。

（3）J220 电控单元 ECU 接线端子号（见图 5—23）。

“$T_{80/3}$”“$T_{80/4}$”“$T_{80/6}$”分别为电控单元第 3、4、6 号端子。

6. 电流回路原则

任何一个完整的电路都由电源、开关、用电器、导线等组成。对于直流电路而言，先找到蓄电池、发电机，读图时应从电源开始读取回路，即电源正极“+”→熔断器→开关（或继电器）→用电设备→搭铁→负极“-”。

（1）燃油泵电路（见图 5—24）。线路结构情况见表 5—3。继电器控制端 6/85 与电控单元 ECU 的 $T_{80/4}$ 相连。当电控单元 ECU 检测到发动机工作信号后，电控单元发出指令使 $T_{80/4}$ 端接地，继电器 J17 电磁线圈有电，电流流向为：

电源线“15”→继电器 J17 触点→4/86 电磁线圈→6/85→$T_{80/4}$→中央配电盒 D_{13}→电控单元 ECU→接地→电源负极“-”。

线圈有电便产生磁场，并产生电磁吸力，使继电器触点闭合。

触点闭合后，燃油泵电路为：

电源线“30”→继电器 J17 触点→3/87→燃油泵熔断器 S5→中央配电盒 E_{14}→燃油泵 G_6→接地→电源负极“-”。

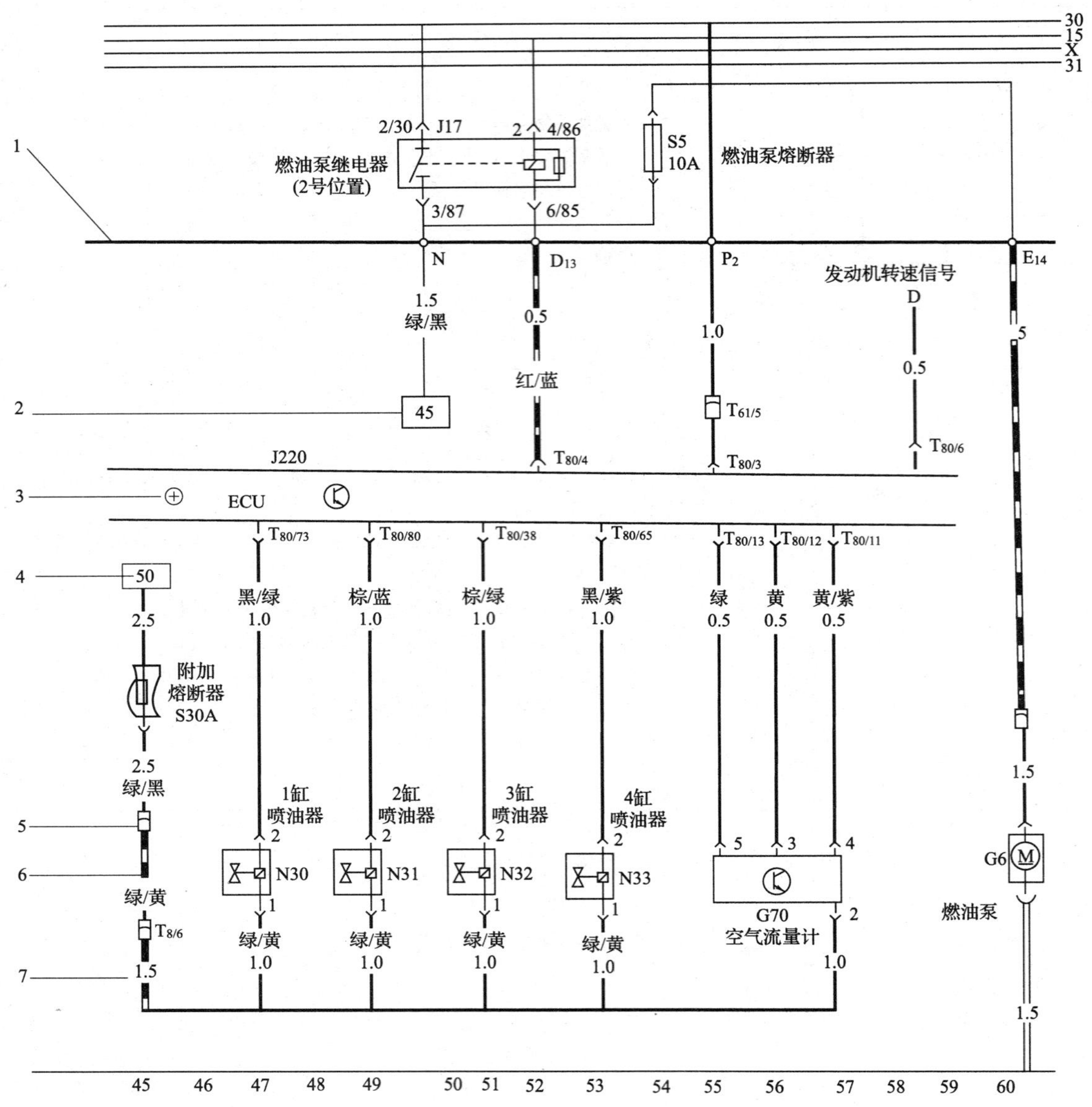

图 5—23　供油系统电路图

提示：

读电路图时，有三种思路：

思路 1：顺着电路电流的流向，由电源正极出发，经过开关、用电设备、控制装置等，回到电源负极（如上所述）。

思路 2：逆着电路电流的方向，由电源负极（搭铁）开始，经过控制装置、用电设备、开关等，回到电源正极。

思路 3：从用电设备开始，依次经过其控制开关、连线、控制单元，到达电源正极和搭铁（或电源负极）。

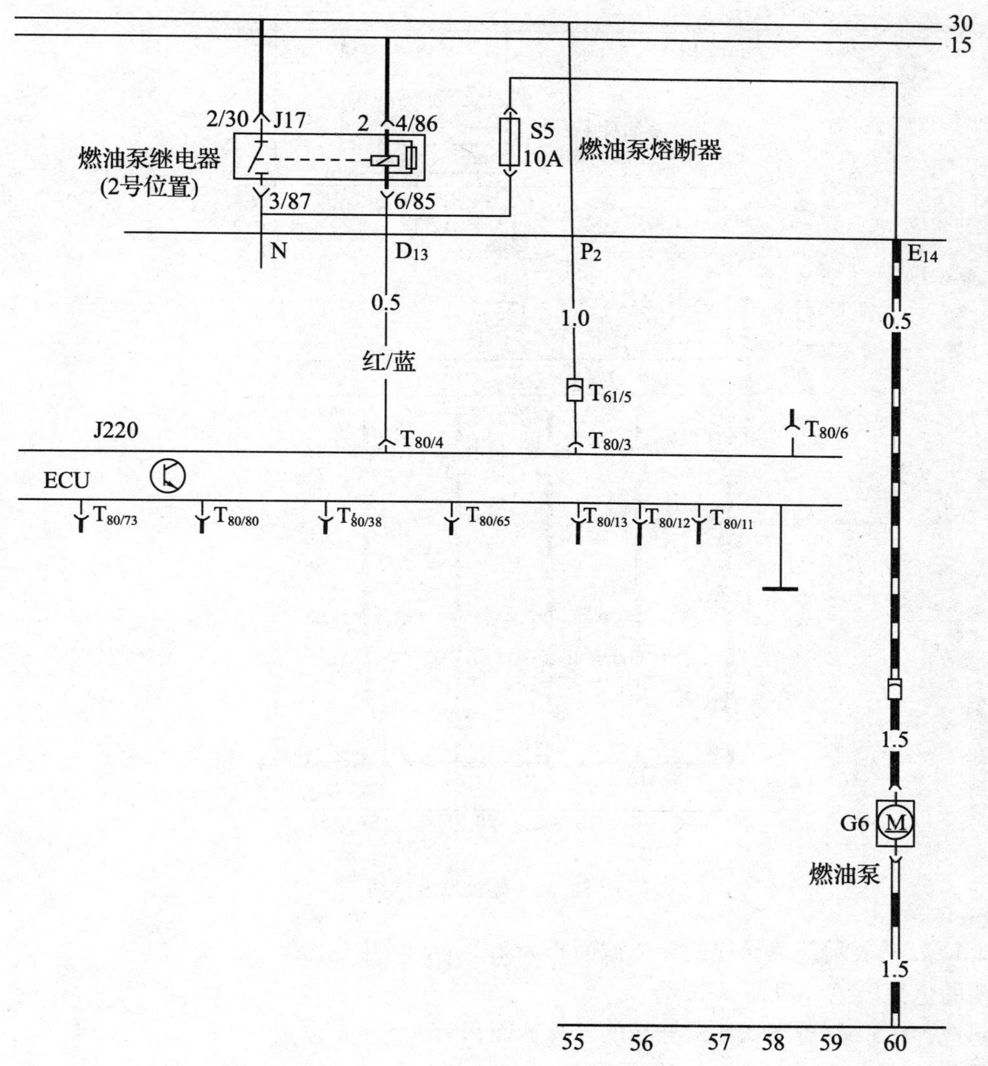

图 5—24 燃油泵电路图

实际应用时，可视具体电路选择不同思路，但有一点值得注意：随着电子控制技术在汽车上的广泛应用，大多数电气设备电路同时具有主回路和控制回路，如继电器控制回路。

（2）喷油器电路（见图 5—25）触点闭合后，喷油器电路为：

电源线“30”→继电器 J17 触点→3/87→中央配电盒 N 端子→小方格 45→小方格 50→附加熔断器 S→1 缸、2 缸、3 缸、4 缸喷油器 N30、N31、N32、N33→电控单元接线端子 $T_{80/73}$、$T_{80/80}$、$T_{80/38}$、$T_{80/65}$→接地→电源“－”。

二、其他符号的含义

图 5—23 中的指引线 5 所指为插接器，指引线 6 所指此段导线为双色线：

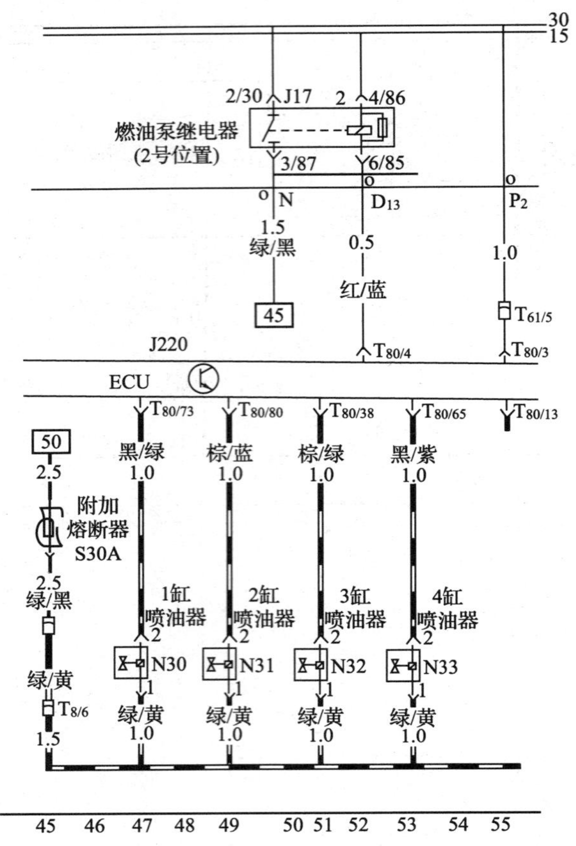

图 5—25 喷油器电路图

2.5 绿/黑表示此段导线的导体截面积为 2.5 mm^2，主色为绿色，辅助色为黑色（见图 5—26）。

同理，1.5 绿/黄表示此段导线的导体截面积为 1.5 mm^2，主色为绿色，辅助色为黄色（见图 5—26）。

S510 A 表示此熔断器位于 5 号位置，额定电流为 10 A（见图 5—26）。

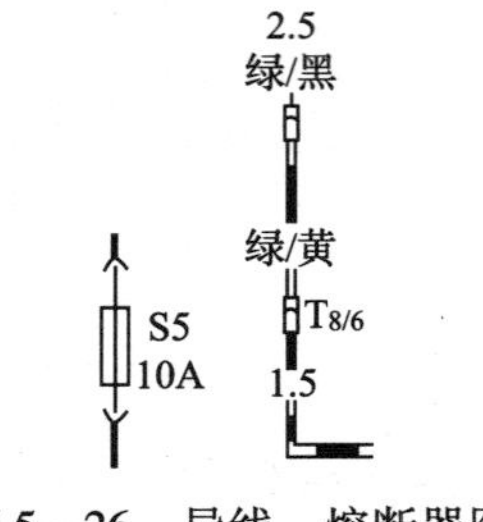

图 5—26 导线、熔断器图

知识拓展

一、电路中开关和继电器的状态

开关是控制电路通断的关键，而继电器不仅是控制开关，也是被控制对象。

1. 各种开关在电路中的作用

开关的作用就是控制电路的通断。但有的用电设备受两个以上单挡开关（或继电器）的控制，如图 5—9 中的 2 和 5 所示。有的受两个以上多挡开关的控制，其工作状态比较复杂。

对于多挡开关，要还看共有几个挡位，开关内部有几个同时或分别动作的触刀，在每一挡位各接通或关断哪些电器。要按层、按挡位、按接线柱逐级分析其各层各挡的功能。

如图5—27所示为汽车的点火开关，该开关为手动开关，用阿拉伯数字1、2、3、4表示接线柱，用0、Ⅰ、Ⅱ、Ⅲ表示开关的挡位。从图中可看出：

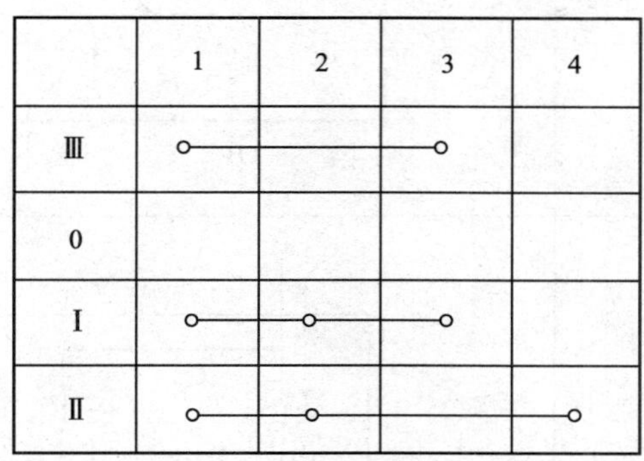

图5—27　汽车点火开关

开关拨至Ⅰ挡，接线柱1、2、3接通；

开关拨至Ⅱ挡，接线柱1、2、4接通；

开关拨至Ⅲ挡，接线柱1、3接通。

当开关接线柱较多时，首先抓住从电源来的一两个接线柱，再逐个分析与其他各接线柱相连的用电设备处于何种挡位，从而找出控制关系。

如图5—28所示为手动车灯总开关，为三位二掷开关，该开关有三个工作位置0、1、2，三个接线柱A、B、C。从图5—28中可以看出：A接线柱接电源，B、C接线柱接用电设备。

2. 继电器的原始状态和工作状态

在电路图中，各种开关、继电器都是按原始状态画出的。即按钮未按下、开关未接通，继电器线圈未通电，其触点未闭合（指常开触点），如表5—2中的序号55所示常开触点继电器，这种状态称为原始状态。在识图时，不能完全按原始状态分析，否则很难理解电路的工作原理，因为大多数电器或电子设备都是通过开关（包括电子开关）或继电器的不同状态而形成回路或改变回路，来实现不同功能的。表5—4给出了常开触点继电器的原始状态和工作状态。

例如，上述燃油泵的回路必须在燃油泵继电器触点闭合时才能形成，而燃油泵继电器触点闭合的条件是继电器线圈得电导通，所以必须进行工作状态的分析。

二、本田汽车电路图识读

练习如图5—29所示为识读本田汽车电路图。

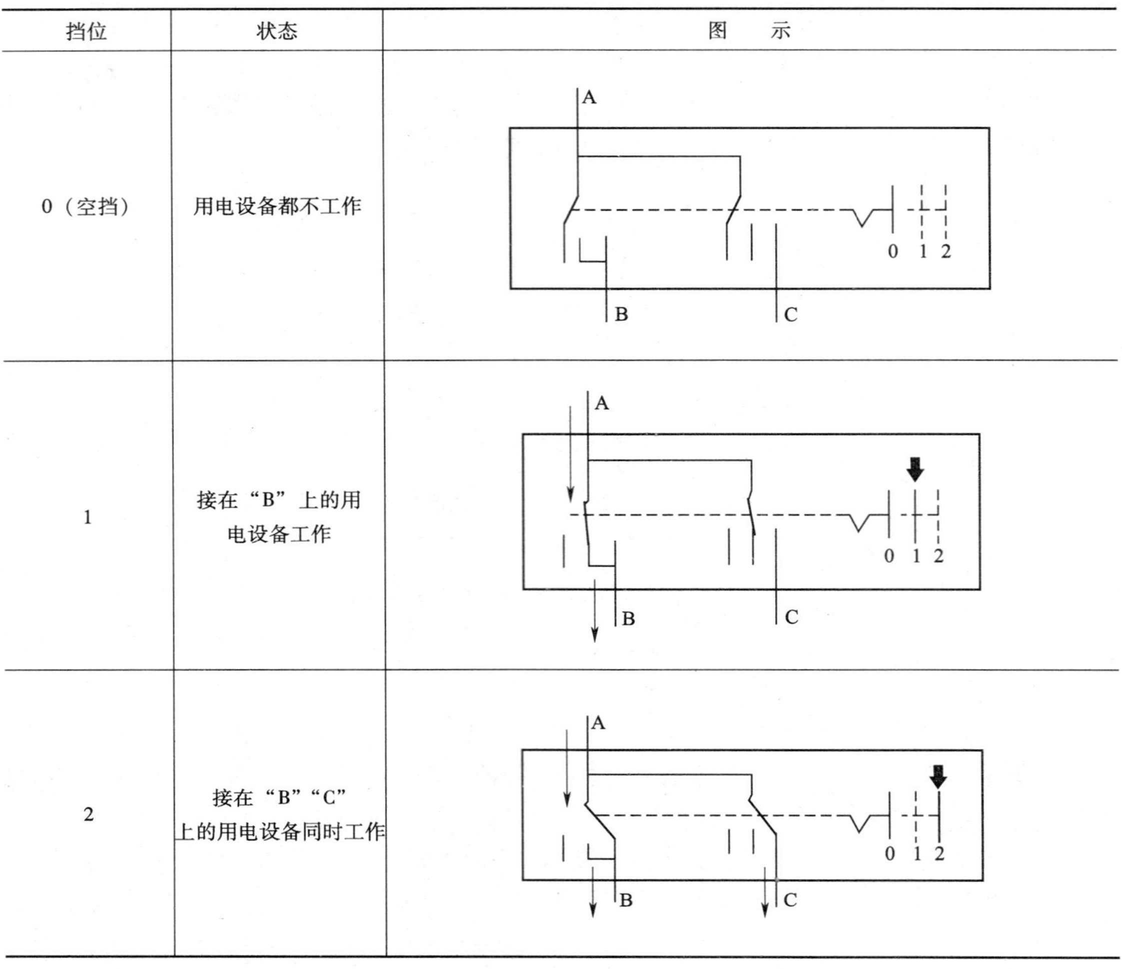

挡位	状态	图示
0（空挡）	用电设备都不工作	A B C 0 1 2
1	接在“B”上的用电设备工作	A B C 0 1 2
2	接在“B”“C”上的用电设备同时工作	A B C 0 1 2

图 5—28　手动车灯总开关

表 5—4　　常开触点继电器的原始状态和工作状态

状态	触点状态	图示
原始状态	线圈无电，触点常开，不工作	电磁线圈
工作状态	线圈通电，触点闭合，继电器工作，即通电	电磁线圈 I

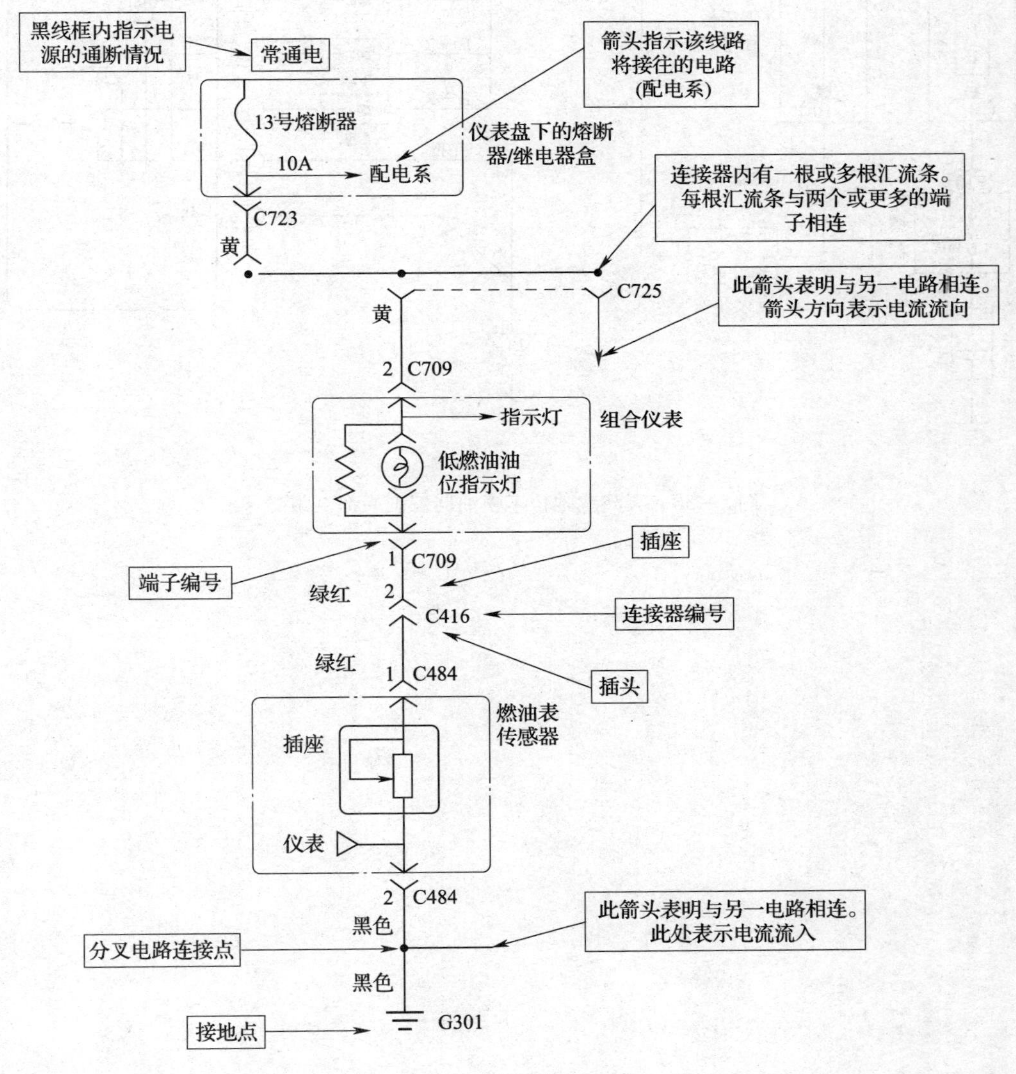

图 5—29　识读本田汽车电路图

1．如图 5—30 所示为天津威驰轿车喷油器控制局部电路图，试分析控制原理并标出电流流向。

2．如图 5—31 所示为汽车局部电路图，试拆分出起动机控制电路，分析控制原理并标出电流流向。

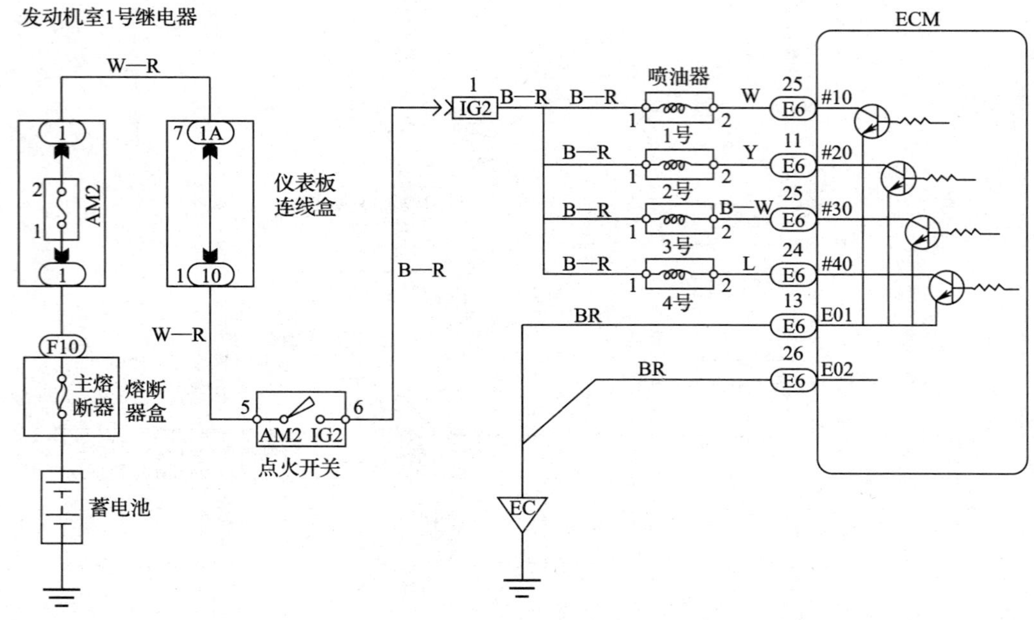

图 5—30　天津威驰轿车喷油器控制局部电路图

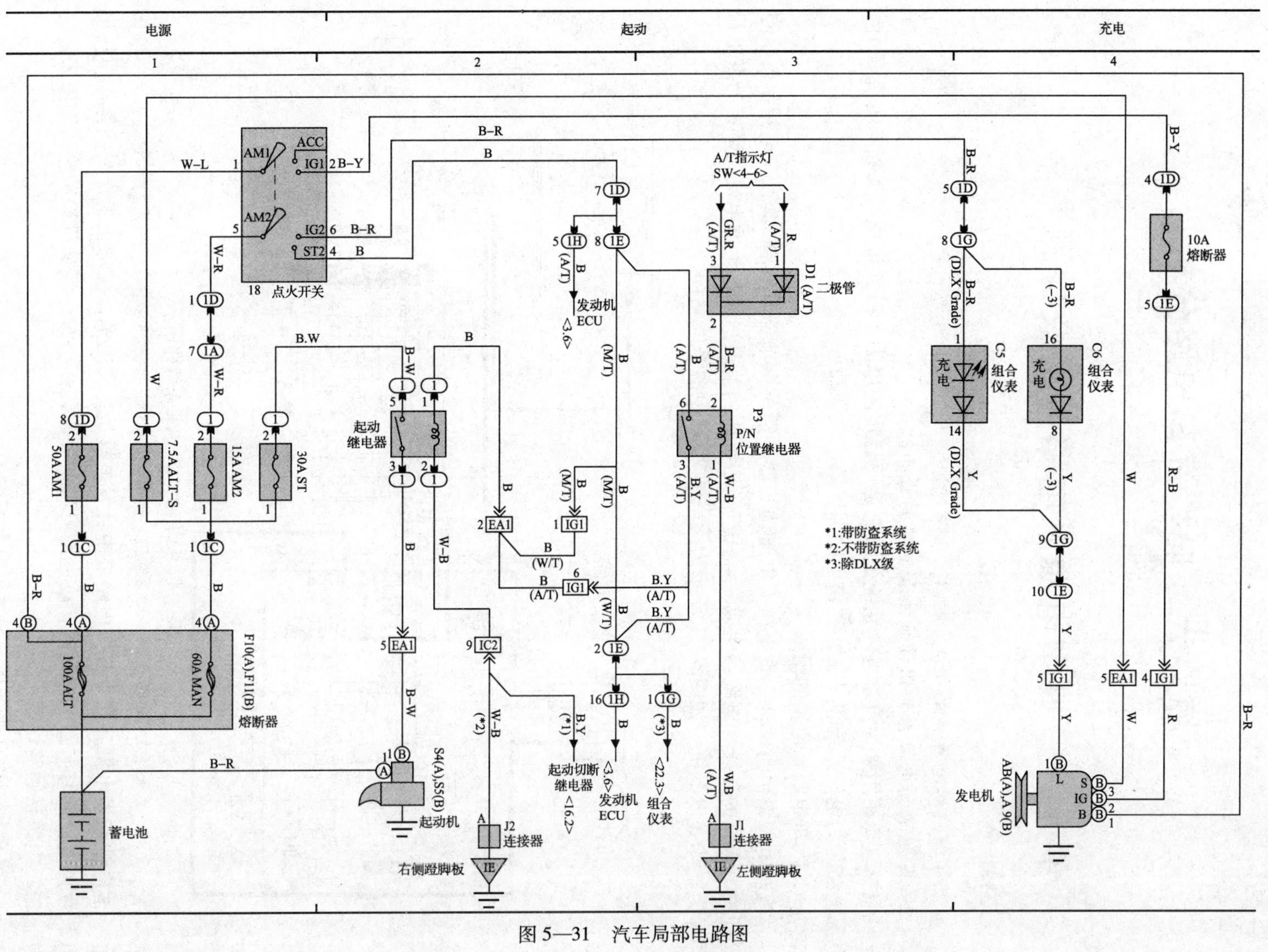

图 5—31　汽车局部电路图

模块六　典型汽车电路分析

单元一　典型电源系电路分析及检测

学习目标

1. 了解汽车电源系的组成。

2. 掌握典型电源系的识读方法和电路的检测。

汽车电源系用来为汽车电气系统提供充足而稳定的电力，以保证电气系统的正常工作。电源电路是为电气系统正常工作提供电能保障的电气线路。

一、汽车电源系电路的组成

汽车电源系由蓄电池、发电机、电压调节器（简称调节器）、熔断器、充电指示灯、点火开关、必要的导线和电缆等组成。现代汽车中电压调节器一般装于发电机内部，与发电机共称为整体式发电机。如图 6—1 所示为桑塔纳 2000 电源系线路图。

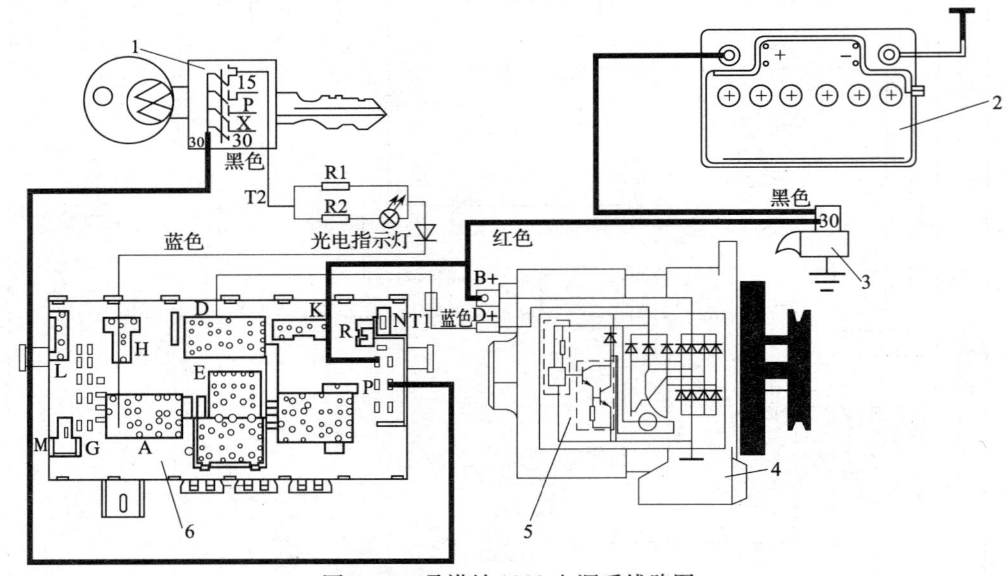

图 6—1　桑塔纳 2000 电源系线路图

1—点火开关　2—蓄电池　3—起动机　4—交流发电机　5—电压调节器　6—中央控制盒

蓄电池和发电机并联于汽车电路之中，发电机是主要电源，发动机工作时向车上所用电气装置供电，同时向蓄电池充电；蓄电池是辅助电源，起动时向起动机提供所需的电力。

二、电源系线路识读

1. 发电机与蓄电池并联，蓄电池负极搭铁。

如图 6—2 所示为桑塔纳 2000 轿车电源系电路图。蓄电池正极“+”与发电机正极

“B_1”分别通过蓄电池线和红色导线接在起动机接线柱上，蓄电池正极接发电机正极，所以发电机和蓄电池是并联连接。

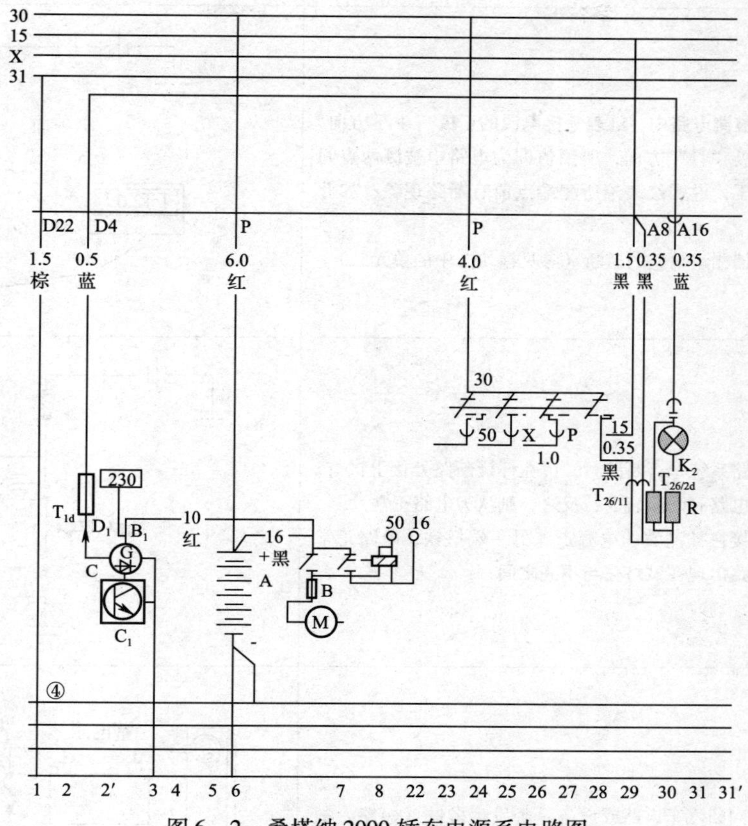

图6—2　桑塔纳2000轿车电源系电路图

2．电压调节器为集成电路调节器（C_1），置于发电机内部。

3．励磁电路和充电指示灯由点火开关控制。

（1）发动机不工作时，闭合点火开关，蓄电池为励磁绕组供电，其电流流向为：蓄电池“+”→截面积为6.0 mm^2的红色导线→中央控制盒P端子→中央控制盒内部→中央控制盒P端子→截面积为4.0 mm^2的红色导线→点火开关30端子→点火开关15端子→黑色导线→组合仪表板$T_{26/11}$端子→电阻R→充电指示灯K_2→蓝色导线→中央控制盒A16端子→中央控制盒内部→中央控制盒D4端子→连接器T_{1d}→交流发电机D_1→发电机励磁绕组→搭铁→蓄电池“-”。此时励磁绕组有电，充电指示灯亮。

（2）当发动机工作且转速不低于1 200 r/min时，发电机发出的电压高于蓄电池电压，用电设备由发电机供电，同时向蓄电池充电，充电指示灯熄灭，指示发电机工作良好。

技能训练

训练1：电路的测试方法

1．汽车电路常见测试方法

汽车电路常见测试方法见表6—1。

表 6—1　　汽车电路常见测试法

<table>
<tr><th>测试方法</th><th>测试电路图</th></tr>
<tr><td>（1）万用表法
将万用表并入被测电路中，红表笔接电源的正极“＋”方向，黑表笔接电源的负极“－”方向，所测值即为电路中被测两点间的电压值。如无电压，说明红表笔所测端点前有断路现象；如此逐点测试
也可用蜂鸣器挡测量电路的通断（参见模块二中的单元二）</td><td>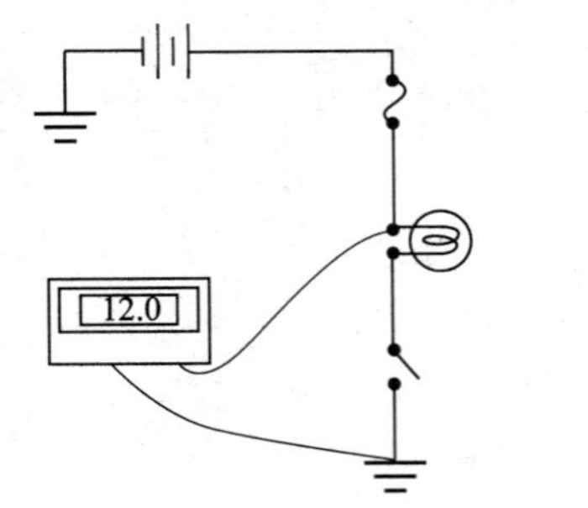
</td></tr>
<tr><td>（2）试灯法
在检查汽车电路系统是否断路时，可在怀疑断路处接上试灯。如试灯不亮，说明电路有断路现象；反之，则认为电路正常
将试灯的一端接在被测端的电源点，另一端搭铁，电路正常时试灯亮，否则断路出现在试灯亮与不亮之间</td><td>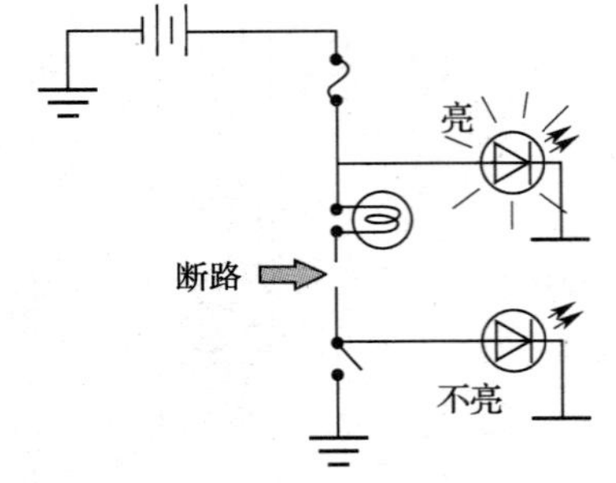
</td></tr>
<tr><td>（3）断路法
断路法可用来判断汽车电路或设备是否发生搭铁（短路）故障，即在怀疑有搭铁故障的电路中串联一电流表，将电路断开后，观察电流表的变化，如电流变为零，说明断开的电路后面无搭铁现象；如无变化，说明断开的电路后面有搭铁现象（如右图中所标搭铁处）</td><td>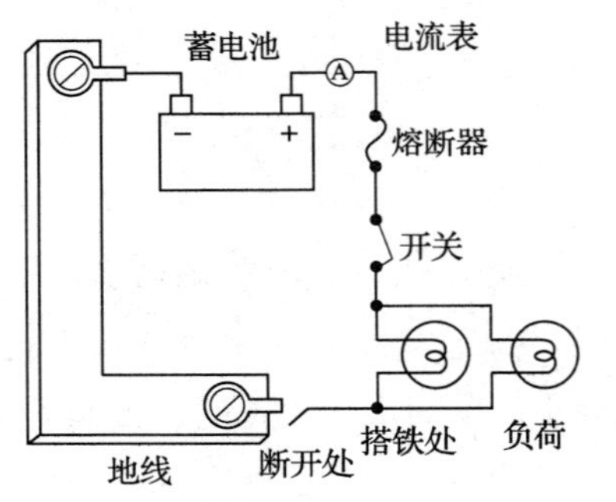
</td></tr>
<tr><td>（4）短路法
短路法可用来判断汽车电路中有无断路故障。用跨接线将怀疑有断路故障的电路或控制元件（如熔断器、继电器、开关等）短接，观察电气设备的工作状况，从而判断出该电路或电气设备是否断路</td><td>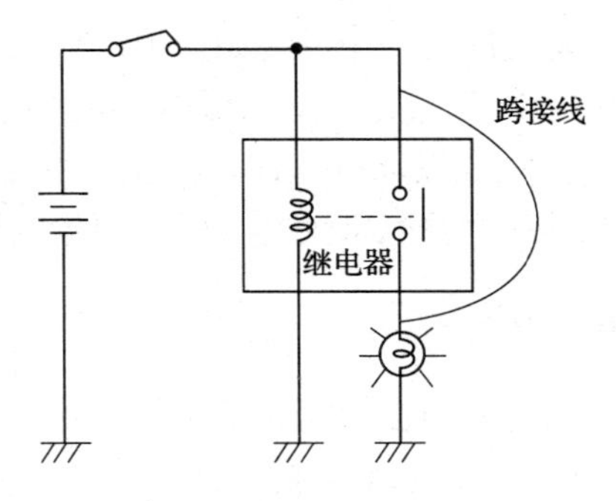
</td></tr>
</table>

续表

测试方法	测试电路图
（5）低压搭铁试火法 即通过拆下用电设备的某一线头并与汽车的金属部分（搭铁）碰试是否产生火花来判断。拆下电路上的某一线头，在汽车车身或车架上刮碰，如果产生强烈的火花，说明该电路正常；如果无火花产生，说明该段电路出现了断路故障。 以下电路，如与电子控制单元ECU、集成电路、晶体管电路相连电路和发电机电源输出电路切勿用此方法进行测试，以免烧坏	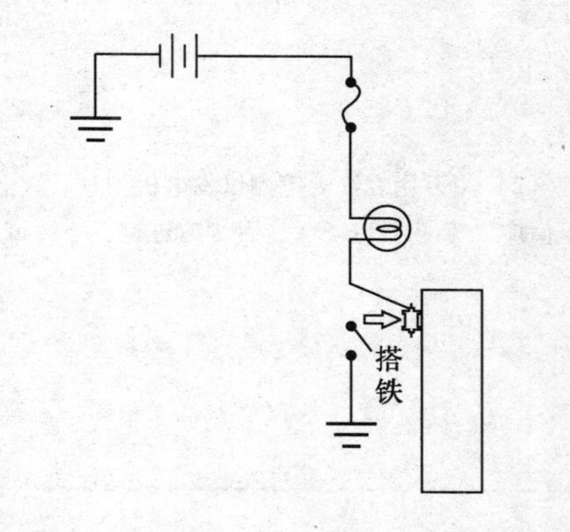

提示：

短接电路或控制元件时，为避免烧坏线路或电气设备，应注意：先检查该系统电路中熔断器是否良好；短接前要先关闭相关开关；短接时间不可过长，故障排除后应及时取下短路导线。

2．电路质量的测试

电路质量的测试是指用万用表的直流电压挡（DC挡），宜选用低量程（0～5 V），以减少测试误差，在电源电压正常时（12 V系统的额定电压为14 V，24 V系统的额定电压为28 V），在通电状态下逆着电路电流方向测试其电压降，如为小于0.5 V的电压，尚可；如大于此值，说明线太细或线路接触不好。如图6—3所示，先测量蓄电池正极“+”与F间的电压降，如小于0.5 V，说明线路良好；如大于0.5 V，则分别测量蓄电池正极“+”与D、C、B、A间的电压降，从而找出接触不良的线路段。

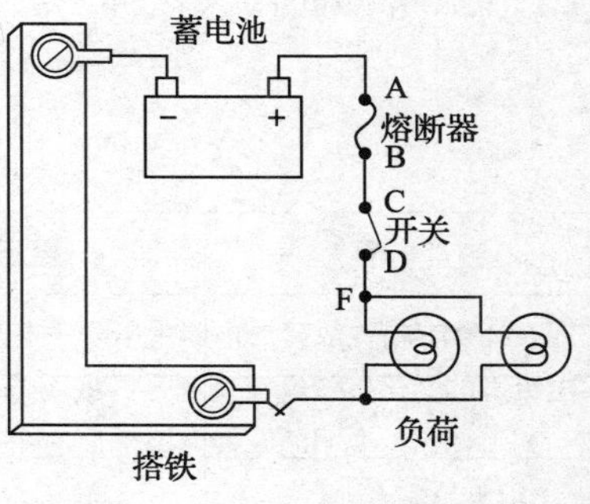

图6—3　电路电压降测试示意图

若电压表表笔引线长度不够，可分别测出各测试点与搭铁之间的电压，然后求其电压降。

训练2：桑塔纳电源电路的测试

认识桑塔纳电源电路中的各部件，说出它们的名称和相互关系（参见图5—8、图6—1和图6—2）。

1．励磁线路的测试

励磁线路的测试见表6—2。

表6—2　　励磁线路的测试

（1）闭合点火开关（不发动车），观察充电指示灯是否亮；如不亮，进行以下测试	

续表

（2）用万用表红表笔测试发电机“D＋”上的电压，电压值应大于等于11.5 V，否则应进行以下测试	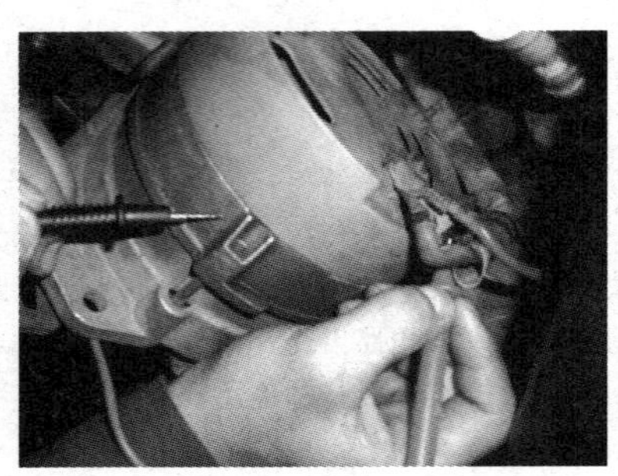
（3）依次测试插接器T1→中央控制盒 D_4 端子→中央控制盒A16端子→充电指示灯 K_2 灯座→组合仪表板 $T_{26/11}$ 端子→点火开关15端子→点火开关30端子→中央控制盒P端子→起动机火线接线柱各部分的电压（参见图6—1和6—2），记录所测数值并填入下表中	

测量端子	电压值（V）	测量端子	电压值（V）
D＋		组合仪表板 $T_{26/11}$	
插接器 T_1		点火开关15	
中央控制盒D4		点火开关30	
中央控制盒A16		中央控制盒P	
充电指示灯 K_2 灯座		起动机火线接线柱	

提示：

励磁线路的测试也可用试灯的办法进行测试，但试灯法只能判断电路的通断，不能判断出电路接触是否良好。如有兴趣，可以依照以上检测顺序进行测试。

如后测试点电压大于等于11.5 V，则电源至测试点的电路良好；如靠近电源的测试点电压正常，而后测试点电压稍低，则说明两测试点间电路接触不良，需进行检修。

2. 充电线路的测试

将电源系电路连接好，起动发动机后，转速稳定在1 200 r/min以上，用万用表测量蓄电池正极和发电机“B＋”接线柱两个点之间的电压，如两点之间电压降小于0.5 V，则为正常；如大于0.5 V，就要检查蓄电池、发电机接头连接是否牢固（见图6—4）。

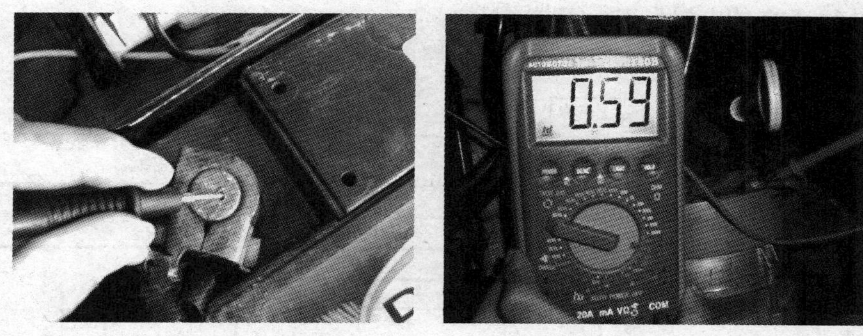

图6—4　蓄电池正极和发电机“B＋”接线柱两点间的电压降

提示：

检测发电机电枢“B＋”时，注意此点电压不受点火开关控制，严禁其引线搭铁短路，严禁使用搭铁试火法检测充电线路节点是否有电。

练习

1. 写出图6—5中电源系的组成。

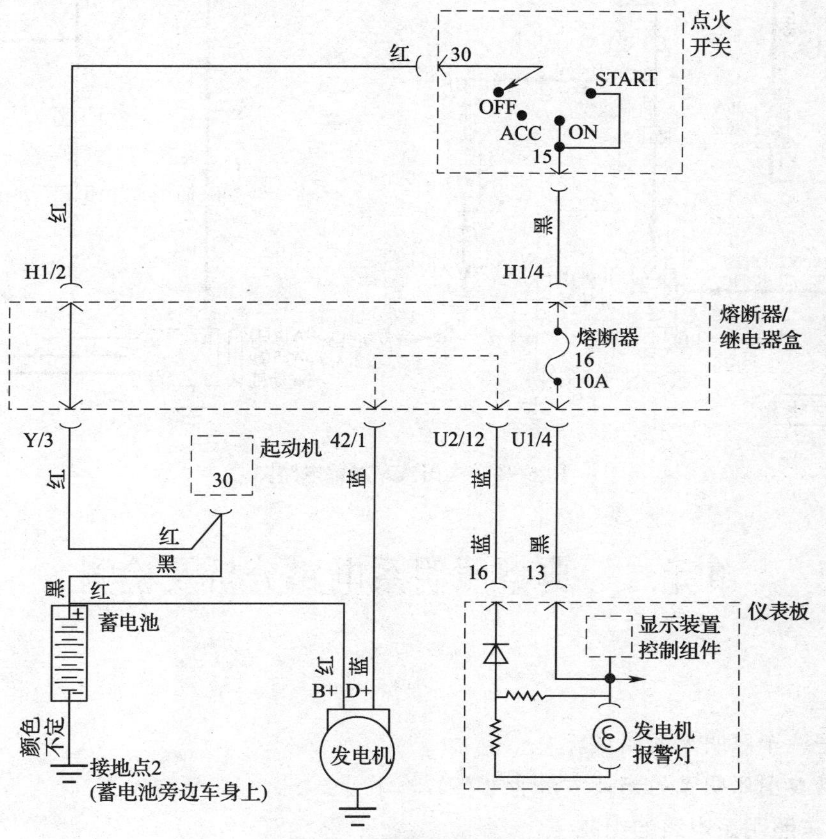

图6—5　电源系电路图

2. 标出图 6—5 中电源系励磁电路电流的流向。

3. 对图 6—5 中的电源系进行实践测试。

4. 标出图 6—6 中丰田汽车电源系励磁电路电流的流向。

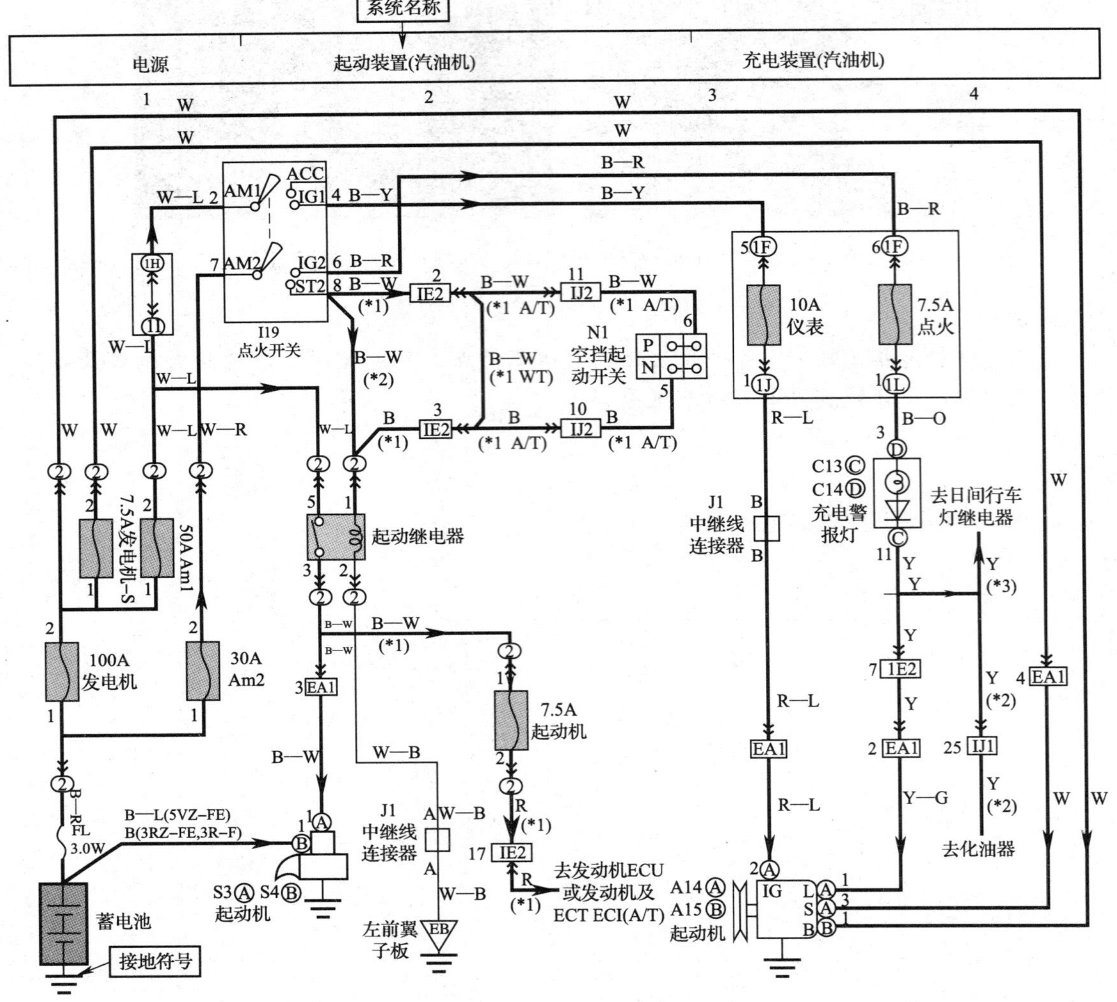

图 6—6　丰田汽车局部电路图

单元二　典型照明系电路分析及检测

学习目标

1. 了解汽车照明系的组成。

2. 掌握典型照明系的识读方法和电路的检测。

一、汽车照明系电路的组成

汽车照明系由电源、灯光开关、变光开关、灯光继电器、灯具和熔断器等装置组成。灯具包括前照灯、示宽灯（位置灯）、尾灯（后示宽灯）、牌照灯、仪表灯、室内灯等（参见图5—13），其中前照灯又分为远光灯与近光灯，用变光开关控制。

二、照明系统的接线规律

（1）照明灯由灯光开关控制。旋钮式灯光开关在0（或 OFF）挡关闭，Ⅰ挡为小灯亮（包括示宽灯、尾灯、仪表灯、牌照灯），Ⅱ挡为前照灯、小灯同时亮（见图6—7）。

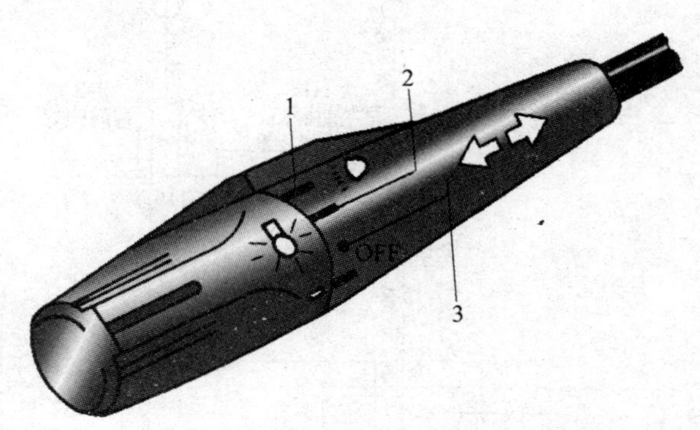

图6—7　旋钮式组合开关

1—前照灯位置　2—尾灯位置　3—保持位置

（2）灯光系统的电流一般直接来自蓄电池正极，不受点火开关控制。由于前照灯远光功率较大，为了减少照明开关的烧蚀，常用灯光继电器来控制前照灯的通断。

（3）超车灯信号常用远光灯的亮灭来表示，发出此信号时不通过灯光开关，属于短时接通按钮式。

（4）现代车辆的照明系统常用组合开关集中控制，组合开关多装在转向柱上，位于转向盘下侧，操作时驾驶员的手可以不离开转向盘。

（5）查找照明灯电路时，先找到车灯控制开关、变光开关、大灯、小灯及各种照明灯。照明灯电路的一般接线规律是：小灯与大灯不同时亮；大灯的近光与远光不同时亮；仪表照明灯、尾灯、牌照灯等只有在夜间工作时才常亮。

三、前照灯电路的识读

下面以天津威驰汽车前照灯电路（见图6—8）为例，介绍电路的识读和电路的测试方法。

1．电路的组成

此电路主要包括电源、车灯控制开关（组合开关）、变光开关、两大灯、熔断器及指示灯（该型号车前照灯电路无继电器）。两大灯为双灯丝，即均包括远光灯和近光灯。

2．电路分析

当组合开关旋转到 Head（Ⅱ）挡时：

（1）变光开关打到 Low（近光灯）时，为两近光灯亮，电流为：

蓄电池“＋”→熔断器 F10A→{熔断器 LH10A→左近光灯
熔断器 RH10A→右近光灯}→变光开关 HL 端子→变光开关 ED 端子→灯光控制开关 H→灯光控制开关 EL→左减振块处→搭铁→电源“－”。

（2）变光开关打到 High（远光灯）时，为两远光灯亮，电流为：

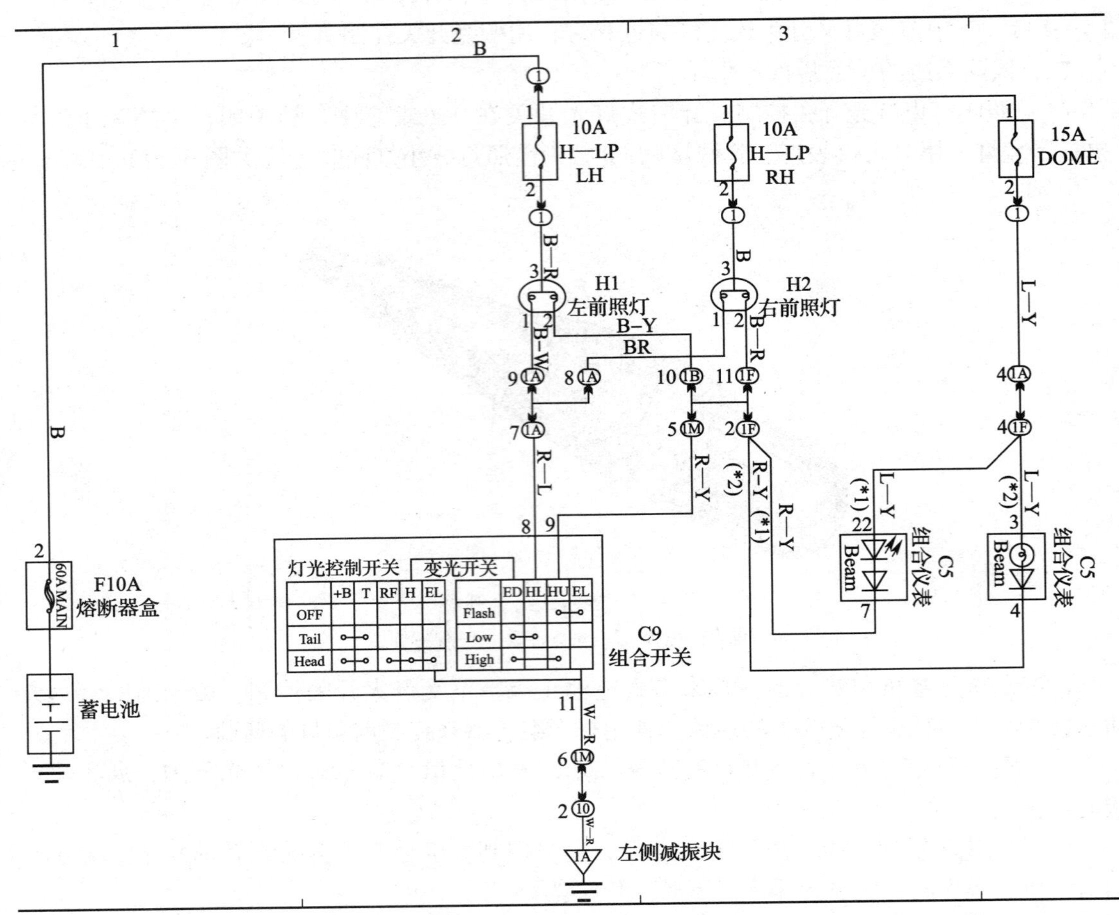

图 6—8　天津威驰汽车照明系电路图

蓄电池“＋”→熔断器 F10A→{熔断器 LH10A→左远光灯；熔断器 RH10A→右远光灯}变光开关 HU 端子→变光开关 ED 端子→灯光控制开关 H→灯光控制开关 EL→左减振块处→搭铁→电源“－”。

同时电流经 DOME15A→组合仪表→变光开关 HU 端子→变光开关 ED 端子→灯光控制开关 H→灯光控制开关 EL→左减振块处→搭铁→电源“－”，远光指示灯亮。

（3）如需超车时，变光开关打到 Flash（闪光）挡，两远光灯闪烁，其电流方向同（2）。

技能训练——前照灯电路的测试

1．实物识别

认识威驰轿车前照灯电路中的各部件，说出它们的名称和相互关系（参见图 6—8、图 6—9、图 6—10），找到电源、发动机室 1 号继电器盒、左前照灯熔断器、右前照灯熔断器、灯光控制开关、变光开关、左右前照灯插座等。

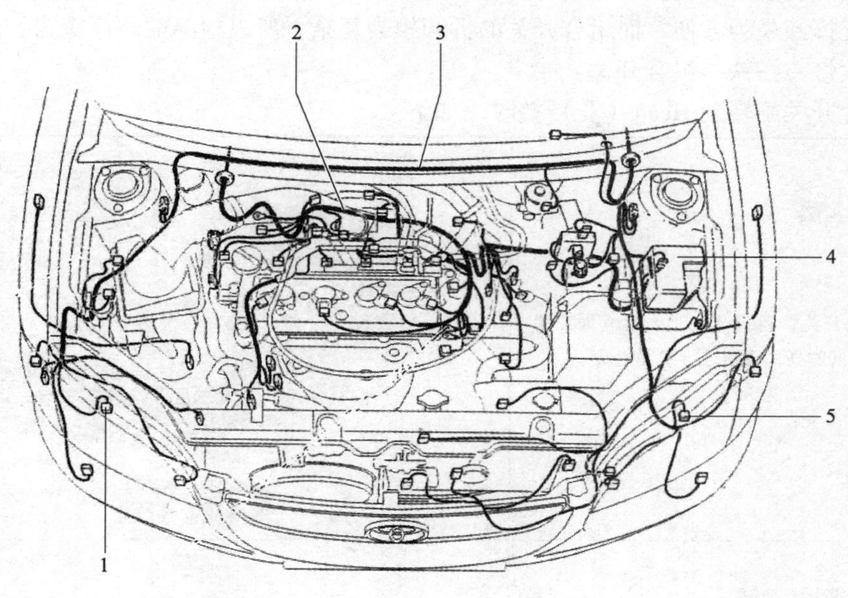

图 6—9　发动机室 1 号继电器盒、线束位置图

1—右侧前照灯　2—发动机配线　3—发动机室主配线　4—发动机室 1 号继电器盒　5—左侧前照灯

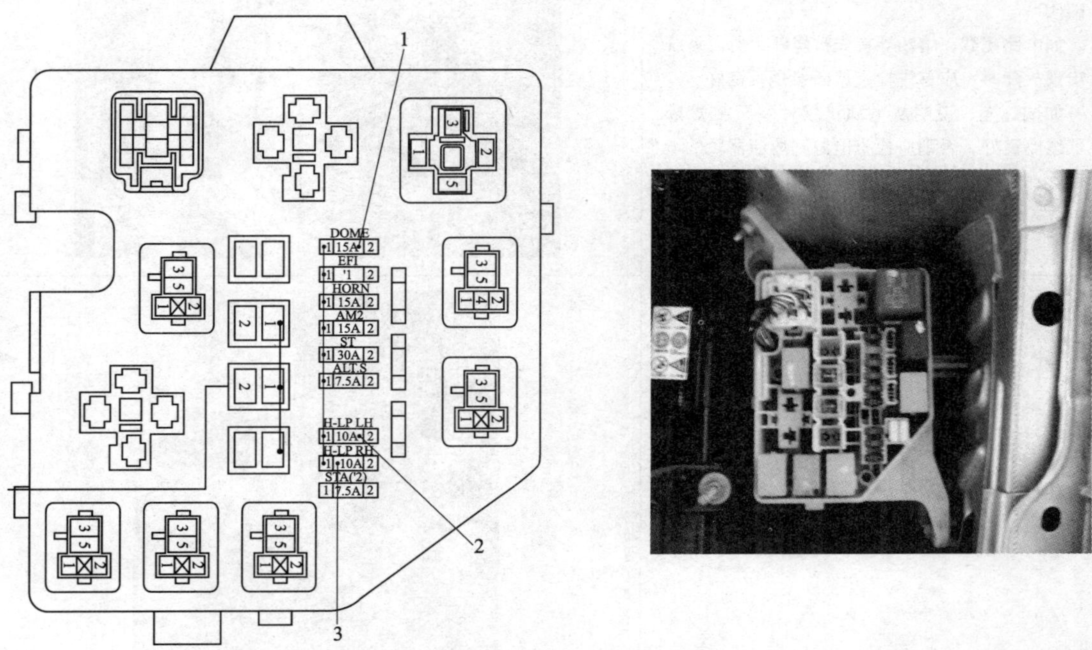

图 6—10　发动机室 1 号继电器盒内继电器、熔断器位置图

1—仪表板指示灯熔断器　2—左前照灯熔断器　3—右前照灯熔断器

2. 近光灯电路的测试（利用试灯测试）

电路测试应按照“先易后难，先外后里，尽量不拆”的原则，在照明系电路中，熔断器和大灯处拆卸最为方便，而组合开关的拆卸较为复杂，所以检测的顺序应为：熔断器→大灯插座→大灯→搭铁→组合开关。

当组合开关旋转到 Head（Ⅱ）挡时，如下：

（1）变光开关打到 High（远光灯）时，为两远光灯应同时亮，否则进行如下测试	
（2）远光指示灯应亮	
（3）用试灯测试前照灯熔断器 LH10A 和 RH10A 如电路超载，熔断器首先被烧断，所以系统出现故障时，应首先检查熔断器是否良好 如试灯亮，说明从电源正极“+”到熔断器线路良好，否则应检查电源到熔断器段的电路	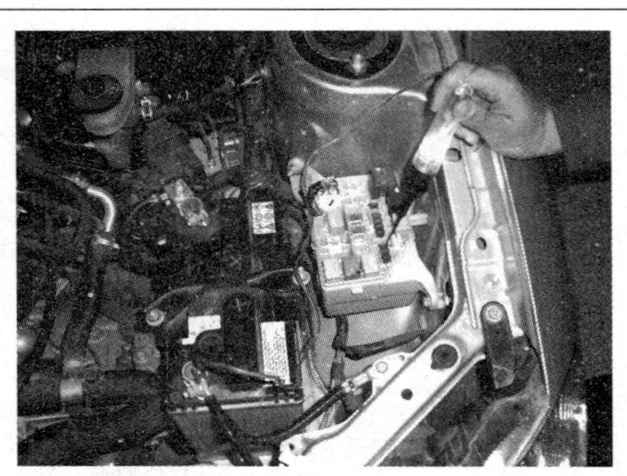
（4）测试大灯插座 用试灯测试大灯插座，如不亮，则检测熔断器到灯座的电路；如亮，则检测组合开关	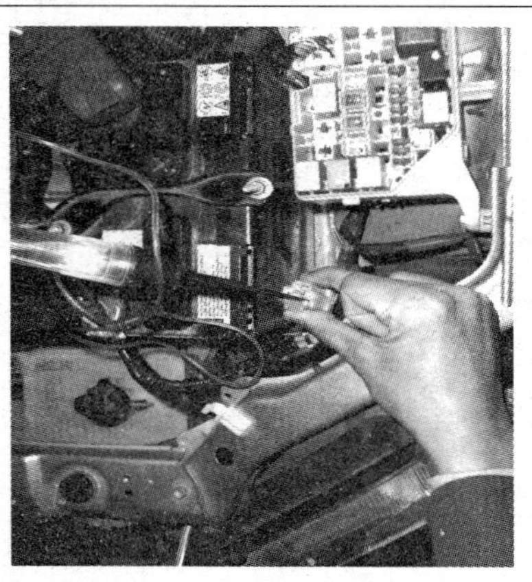
（5）拆卸组合开关，用同样方法检测	（略）

3. 近光灯电路的测试

变光开关打到 Low（近光灯）时，为两近光灯亮，方法同前。

也可用万用表的方法检测大灯电路，如有兴趣，可以尝试一下。

练习

1. 写出图 6—11 中电源系的组成。
2. 标出图 6—11 中远、近光电路中电流的流向。

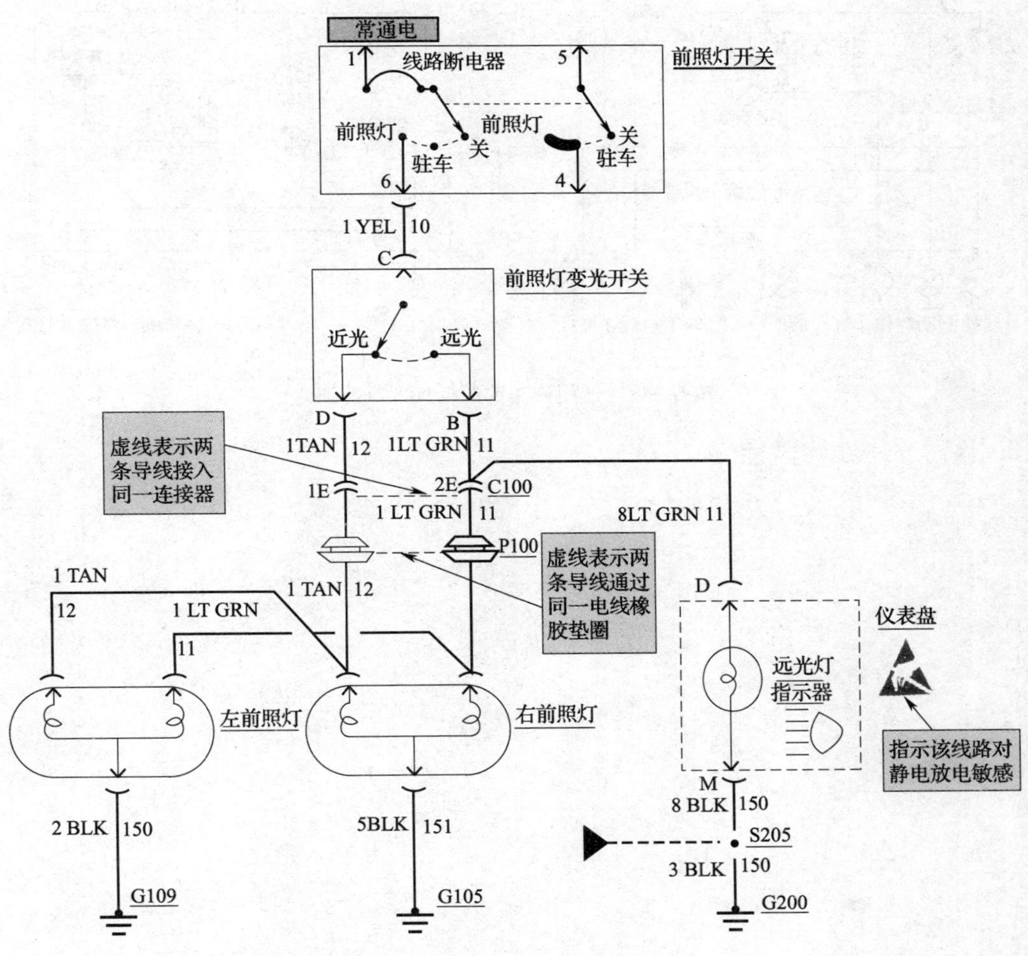

图 6—11　通用汽车前照灯局部电路图

3. 写出图 6—12 中电源系的组成。
4. 标出图 6—12 中远光电路中电流的流向。
5. 写出图 6—12b 图中远光电路的测试步骤。

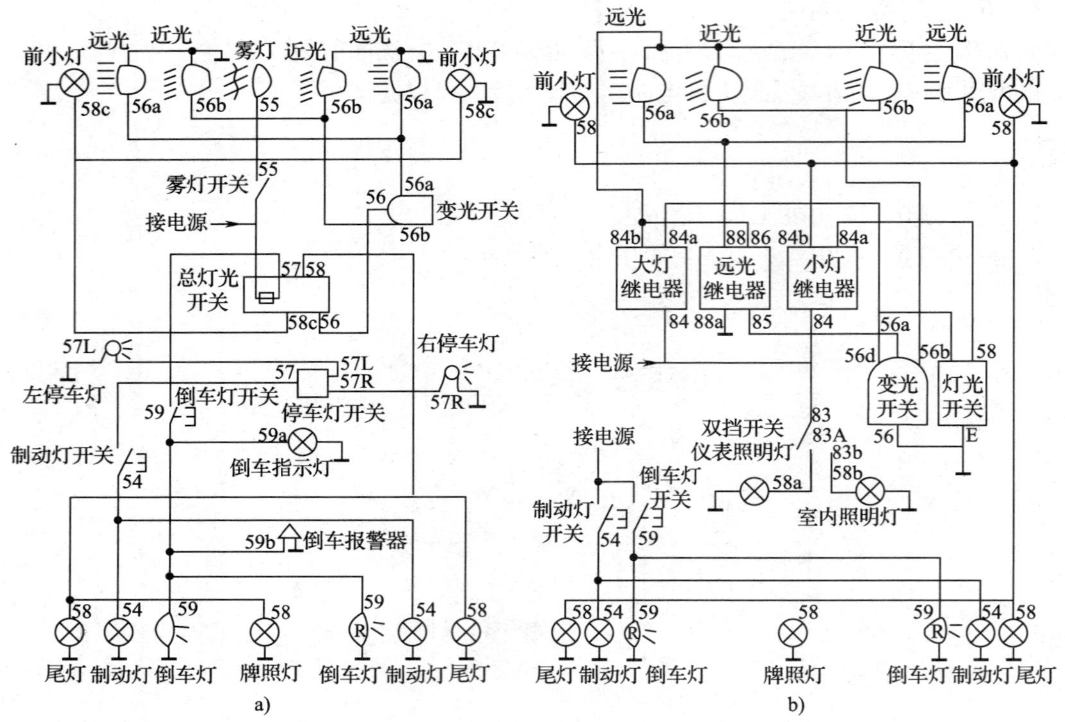

图 6—12　通用汽车前照灯局部电路图